失去的制造业
日本制造业的败北

[日] 汤之上隆 著

林曌 等译

珍藏版

日本型
モノづくり
の敗北

零戦・半導体・テレビ

机械工业出版社
China Machine Press

图书在版编目（CIP）数据

失去的制造业：日本制造业的败北：珍藏版 /（日）汤之上隆著；林曌等译 . -- 北京：机械工业出版社，2022.7（2025.6重印）
ISBN 978-7-111-71222-0

I. ①失… II. ①汤… ②林… III. ①制造工业 - 工业发展 - 概况 - 日本 IV. ① F431.364

中国版本图书馆 CIP 数据核字（2022）第 123597 号

北京市版权局著作权合同登记　图字：01-2015-0869 号。

NIHON-GATA MONOZUKURI NO HAIBOKU Zerosen, Handotai, TV by YUNOGAMI Takashi.
Copyright © 2013 YUNOGAMI Takashi. All rights reserved.
Simplified Chinese Translation Copyright © 2022 by China Machine Press.
Simplified Chinese translation rights arranged with Bungeishunju Ltd. through Bardon-Chinese Media Agency, under the license granted by YUNOGAMI Takashi. This edition is authorized for sale in the Chinese mainland (excluding Hong Kong SAR, Macao SAR and Taiwan).
Original Japanese edition published by Bungeishunju Ltd., Japan in 2013.

No part of this book may be reproduced or transmitted in any form or by any means, electronic or mechanical, including photocopying, recording or any information storage and retrieval system, without permission, in writing, from the publisher.

本书中文简体字版由文艺春秋（Bungeishunju Ltd.）通过 Bardon-Chinese Media Agency 授权机械工业出版社仅限在中国大陆地区（不包括香港、澳门特别行政区及台湾地区）独家出版发行。未经出版者书面许可，不得以任何方式抄袭、复制或节录本书中的任何部分。

失去的制造业：日本制造业的败北（珍藏版）

出版发行：	机械工业出版社（北京市西城区百万庄大街 22 号　邮政编码：100037）
责任编辑：	顾　煦
责任校对：	付方敏
印　　刷：	河北虎彩印刷有限公司
版　　次：	2025 年 6 月第 1 版第 6 次印刷
开　　本：	147mm×210mm　1/32
印　　张：	9.375
书　　号：	ISBN 978-7-111-71222-0
定　　价：	69.00 元

客服电话：（010）88361066　68326294

版权所有・侵权必究
封底无防伪标均为盗版

| 目 录 |

译者序
前　言
专业术语的科普

第1章　我的半导体技术人生·1

首相真的理解制造业吗·2

奥巴马总统突然造访 AMAT·3

奥巴马真心冀望美国回归制造业·5

停留于考察、分析层面的"制造业白皮书"·7

我于日本半导体产业高峰期入职日立·9

借调尔必达，见证惊人现实·12

国家项目"Asuka 计划"的失败·14

"咎由自取"后仅拿到 100 万日元退休金·15

我为何对技术实力抱有疑问·16

第 2 章　何谓半导体・19

对半导体制造的误解・20
半导体到底是何方神圣・21
摩尔法则与精密化・24
如何制造半导体・26
仅凭一个按钮无法制造半导体・32

第 3 章　DRAM 溃败与技术文化・35

追求极限性能的技术文化的确立・36
电脑界的更新换代・38
陷入"创新窘境"的日本・39
处于劣势的低成本制造技术・41
尔必达的成立与经营破产・43
2 年内市场占有率锐减的原因・45
统一性的 NEC 与一点突破的日立・48
将工作细分化的 NEC 技术文化・49
NEC 技术人员洁癖症似的工作状态・51
对"技术开发"一词的不同理解・52
日立的"万岁"，NEC 的"失望"・53
日立和 NEC，技术实力孰优孰劣・55
尔必达与三菱技术实力的差异・56
身兼多职的三菱职员・58
三菱、尔必达、晶圆代工厂的 DRAM 比较・60
三菱的 DRAM 文化和技术实力・61

为何三菱职员能够受到好评·62

尔必达应有的姿态·63

第 4 章　尔必达和三星电子的差异·65

尔必达为何破产·66

30 年丝毫未变的 DRAM 制造技术·68

功夫不负有心人，只是为时已晚·70

三星电子技术力量的特征·71

研发与批量生产并无明显分界线的组织体系·72

设备不变，流程不变·74

不以 100% 的成品率为目标·76

230 人规模的市场调研专员·78

当机立断、出类拔萃的专务董事们·80

NEC 再次陷入困境·82

专栏 4-1　NEC 退出智能手机市场"DoCoMo 手机家族"告终·83

旧 NEC 电子工厂的将来·85

为何 NEC 生产不出自主品牌的智能机·88

NEC 曾领跑世界的辉煌历史·89

半导体业务全部外迁，NEC 开始萎靡不振·91

洋葱剥完皮后还剩下什么·94

专栏 4-2　三星电子惊人的信息收集能力·96

前田和夫的入门系列·97

第 5 章 一成不变的日本技术文化 · 109

DRAM 衰败,日本半导体产业崩溃 · 110

红瑞萨、蓝瑞萨 · 112

瑞萨领导放话"不要写、不要说" · 114

日本半导体的"读杂志经营模式" · 117

转战 SOC 是否为明智之举 · 118

SOC 是利基的集合 · 120

强势启动国家级项目 · 122

参与 Selete 和 Asuka 计划 · 123

部长和社长都是温水里的青蛙 · 125

Selete 成立 15 周年和 Asuka 计划结束 · 126

NHK 节目:反攻的剧本 II · 129

官员们应自问:是否有点太推责 · 130

为何不提 Asuka 计划 · 131

ASPLA 的悲惨结局 · 133

东日本大地震凸显了瑞萨的存在感 · 134

对瑞萨那珂工厂的三点疑问 · 135

丰田失算,不知不觉陷入单极集中 · 136

为何不能找工厂进行替代生产 · 139

世界市场占有率位居榜首的企业为何会出现赤字 · 141

价格控制权掌握在汽车制造商手里 · 143

不良率为零 · 143

不良率为零的思想如同核电的安全神话 · 145

对瑞萨新社长的期待 · 147

前社长的话彰显瑞萨自主决策能力的欠缺·149
瑞萨的社员们走在荆棘路上·151
根源在于 30 多年前形成的技术文化·153

第 6 章　日本电视产业崩溃的原因·155

"索尼派"丈夫和"瑞萨派"妻子之间的对话·156
追求高画质、超薄是技术人员的自我安慰行为·157
对创新的错误认识·158
索尼技术人员的创新观·159
创新一词越流行，创新越难实现·162
电视和手机：一对加拉帕戈斯化的难兄难弟·164
"卖掉生产出的东西"是错误观念·165
对市场调研也存在错误认识·168
市场营销的本质·170
用模块方式生产电视成为可能·172

第 7 章　英特尔危机与晶圆代工业霸权之争·175

半导体行业企业排名变迁启示·176
产品更新换代导致技术陷入无用之地·178
英特尔 CEO 突然宣布辞职·180
英特尔陷入"技术革新所带来的困境"·181
潜伏于英特尔发展历史中的困境·184
英特尔史无前例的误判·191
英特尔放跑大鱼，三星捡了便宜·193

如果英特尔把握良机，历史是否因此改变·194
半导体企业三巨头转战晶圆代工业·195
英特尔的晶圆代工业务能否获得成功·197
肥水不流外人田，新 CEO 依旧来自公司内部·199
三星来势汹涌，矛头直指中国台湾企业·200

第 8 章　日本过人的技术实力究竟在何处·205

面对更新换代，技术力量显得苍白无力·206
日本人究竟擅长什么·208
两个现象：共同进化和共同退化·210
主要设备及其生产制造龙头企业·212
日本强势产业的共同点和弱势产业的共同点·215
衰弱的日本制造设备的代表：曝光设备·216
ASML 为什么能跃居第一·217
ASML 提高吞吐量的秘诀：减少机器误差·219
日本半导体业的另一特点：
　从设备引进到投入生产周期过长·221
日本制造设备绝对强项的代表：清洗设备·223
聚焦日本最强技术能力·225

第 9 章　成为创新的弄潮儿·227

为何日本能成为世界第一·228
新概念：创新型模仿者·229
模仿使人类进化，模仿使文明发展·231

模仿者坐享其成·233

半导体产业是典型的模仿产业·235

DRAM产业的发展就是一种彻底的模仿·237

"模仿就能成功"不是绝对真理·239

模仿的能力和步骤·241

日本半导体及电器产业应重拾模仿优势·243

新市场究竟身在何处·245

开辟新市场不需要任何技术研发·246

"发明大王"爱迪生手中的"漏网之鱼"·248

你想怎样改变世界·251

经营者和技术者都要亲力亲为、奔向海外·254

后记·259

主要参考文献·263

| 译者序 |

第二次世界大战结束后,在不到 30 年的时间内,日本使自己从一个经济崩溃的战败国发展成经济巨人:1955 年经济恢复到战前水平;1968 年超越联邦德国跃升为世界第三经济大国,许多工业产品的产量位居世界各国前列;20 世纪 70 年代中后期,日本经济高速增长,成为仅次于美国的世界第二大经济体。在经济高速增长期,以索尼、本田、丰田、松下、日立等为代表的"日本制造"接连登上世界舞台。这些企业开拓了新的生产领域,在让自己的产品走向世界的同时,还开启了问鼎世界技术高峰的道路,创造了一个又一个技术神话,成为各国企业竞相研究、学习和模仿的对象。但自 20 世纪 90 年代后,日本经济发展骤然减速,逐渐陷入停滞的泥沼,与此同时,日本制造业也自顶峰滑落,逐渐被其他国家所赶超。

如果说对处于巅峰状态的事物进行研究、总结是顺理成章、水到渠成的事，那么，能够对处于衰退状态的事物进行思索、反省则需要超强的忍耐力和惊人的智慧。本书作者汤之上隆先生见证了日本制造业由辉煌走向衰败的历程。他在日本制造业的生产第一线从事半导体研发工作近15年，此后获得京都大学工学博士学位，开始对半导体行业进行社会科学研究，之后一直从事和半导体行业有关的教学、研究及顾问工作。汤之上隆先生曾于2009年、2012年先后撰写了《日本"半导体"的失败》（《日本"半導体"敗戦》）、《"电机、半导体"溃败的教训》（《"電機・半導体"大崩壊の教訓》）两本书，以专业、科学的研究方法，结合自己的亲身经历对日本的电器产业、半导体行业日渐没落的原因等进行了解析，而本书则是他的第三部研究、反思日本半导体与芯片行业溃败缘由的著作。

在书中，汤之上隆先生首先对何谓"半导体"进行了解释，然后通过大量数据、图表以及问卷调查对日本半导体行业、日本电视机产业失败的客观因素进行了分析。书中的分析并不单一地局限于某类数据和图表，作者以多元化的视角，通过和世界知名公司、日本知名厂商以及竞争对手在市场份额、销量、技术特点等方面进行对比，把日本制造业失败的缘由以立体、多元且动态的形式向读者进行了展示。阅读本书，读者不仅可以准确把握日本制造业走向失败的诸多原因，还能了解世界制造业的最新动态以及各大公司取得成功的诸多秘诀。本书如果仅止于分析日本制造业走向失败的诸多因素，则不免让人唏嘘不已、黯然神伤，但书的最后一章提出的走出困境的方法却不禁使人眼前一亮，引人深思。这也是本书最大的亮点所在吧。

三人行，必有我师焉。择其善者而从之，其不善者而改之。对中国读者来说，弄清日本制造业日渐没落的原因，不仅可以帮助我们明晰这段由辉煌走向衰落的历史，而且还教会了我们如何去分析"半导体与芯片行业"，让我们能动地思考如何提高中国制造业在世界市场的竞争力。

本书由林曌负责全书的翻译审校工作，3名翻译专业的研究生许诺、杨湘云、付海亮共同承担了初稿的翻译。在翻译过程中，我们力求词句准确贴切，正确再现作者意图，但受水平和时间所限，疏漏错误在所难免，敬请各位读者批评指正。

| 前 言 |

世界巨头接连陨落

很多曾屹立于世界之巅、享有荣耀的产业和企业也会在顷刻间衰败、陨落、倒闭。

我自1987年进入日立制作所成为半导体技术人员以来，曾多次目睹世界巨头陨落的悲剧。其间，我本人也曾被卷入过此类悲剧。

我于20世纪80年代中期成为半导体技术人员，当时日本的半导体存储器DRAM（动态随机存取存储器，dynamic random access memory）占世界市场份额的80%，以世界最高质量著称，被称为"产业中枢"，然而在2000年，日本却不得不黯然退出半导体市场。

仅存的一家是NEC㊀和日立DRAM合资的企业尔必达㊁，虽然其技术实力优于三星，但它还是在2012年2月破产，被美国镁光科技㊂并购。

日本半导体产业退出DRAM后，开始进军数码家电及汽车用半导体SOC（system on chip，即在单个芯片上集成一个完整系统的片上系统）市场，并上马了大量国家级项目。但这些项目无一例外地陷入赤字，尤其是日立、三菱和NEC合资成立的瑞萨电子㊃，虽然在汽车用半导体领域，以世界市场占有率超过40%这一有绝对优势的市场份额和世界最高品质闻名业界，但最终却陷入倒闭危机，被以官

㊀ 日本电气股份有限公司（NEC Corporation），日本的一家跨国信息技术公司，总部位于日本东京港区。NEC为商业企业、通信服务以及政府提供信息技术和网络产品。NEC是住友集团（Sumitomo Group）的成员，2012年在《财富》世界500强排行榜中排名第271位。2014年12月15日被瑞典的斯德哥尔摩国际和平研究所评为2013年世界武器销售额前100名企业之一。

㊁ 尔必达（ELPIDA），日本唯一一家生产电脑DRAM的企业，在DRAM领域市场份额居世界第三。成立于1999年，2004年在东京证券交易所主板上市，2008年秋爆发金融危机后，公司业绩急速恶化。

㊂ 镁光科技（Micron Technology），全球最大的半导体储存及影像产品制造商之一，其主要产品包括DRAM、NAND闪存和CMOS影像传感器。

㊃ 瑞萨电子（Renesas Electronics）于2003年4月1日由日立制作所半导体部门和三菱电机半导体部门合并成立，其前身是瑞萨科技。瑞萨结合了日立与三菱在半导体领域方面的先进技术和丰富经验，是无线网络、汽车、消费与工业市场设计制造嵌入式半导体的全球领先供应商。瑞萨科技是世界十大半导体芯片供应商之一，在很多诸如移动通信、汽车电子和PC/AV等领域获得了全球最高市场份额。

民基金"产业革新机构"为中心的官民联合资金收购。

过去日本的核心产业——电视产业,在数字电视领域以世界最高画质闻名,然而在 2013 年 3 月,索尼、夏普、松下的赤字合计达到 100.6 万亿日元,三巨头纷纷更迭社长,采取大规模裁员措施。

类似事件不仅发生在日本,自 1992 年后,曾高居世界半导体销售额榜首,致力于开发世界最先进半导体技术的美国英特尔公司[一]也在一夜间面临经营危机。

更新换代与创新窘境

上述日本的半导体、电器产业以及英特尔等都有共同点,那就是它们产品的世界市场占有率都曾位居第一,都曾创造出世界的最高品质,都拥有世界最先进的技术。尽管如此,它们最终都失去了市场,从产品制造中退出,经历破产、覆灭,最终陨落。

若逐一探索其原因,你会发现每个公司都有各自特殊的原因。但是,诸多因素中均有一个共同的原因。

[一] 英特尔(Intel)成立于 1968 年,全球最大的个人计算机零件和 CPU 制造商。2014 年 2 月,英特尔推出的处理器至强 E7 v2 系列采用了多达 15 个处理器核心,成为英特尔核心数最多的处理器。2014 年 3 月,英特尔收购智能手表 Basis Health Tracker Watch 的制造商 Basis Science。2014 年 8 月,英特尔 6.5 亿美元收购 Avago 旗下公司网络业务。

简而言之，这个原因就是它们所涉及的各行业和企业都没有与时俱进，没能及时更新换代，陷入了"创新窘境"。

所谓"创新窘境"，即世界巨头企业过于忠实地倾听现有顾客的要求，因而导致被那些尽管产品性能和质量不高，却具有"便宜、小巧、方便"等特征的颠覆性技术的企业所淘汰。

哈佛商学院的克莱顿·M. 克里斯坦森[一]教授在详细调查了硬盘驱动器发展史后，在其著作《创新者的窘境》(The Innovator's Dilemma) 中进行了阐述。

世间万物无时无刻不处于变化之中。世间的普遍真理即是"变"。虽然世人皆知此变，但无论是世人还是产业，甚至连国家都谈"变"色变。

那些世界市场占有率第一，拥有世界最高品质、最先进技术的世界巨头企业因为拒绝改变，最终走向衰落。

更新换代，10 年一轮回

接下来，我们来看一下 1970 ~ 2013 年间电脑、电话、

[一] 克莱顿·M. 克里斯坦森（Clayton M. Christensen），哈佛商学院教授，1995 年度麦肯锡奖得主。克里斯坦森是"颠覆性技术"这一理念的首创者。他的研究和教学领域集中在新产品和技术开发管理以及如何为新技术开拓市场等方面，其代表作为《创新者的窘境》和《创新者的解答》。

电视、汽车四大产业的变化（见表 0-1）。

表 0-1 各种机器的更新换代

	1970 年	1980 年	1990 年	2000 年	2013 年	2030 年
电脑	大型机	小型机	PC	笔记本电脑	平板电脑/智能手机	?
电话	座机			手机		?
电视	显像管模拟电视			液晶电视		?
汽车	燃油汽车			混合动力车		?

在电脑业界，经历了 20 世纪 70 年代的大型机到 1990 年的 PC，以及 2000 年的笔记本电脑，再到 2013 年的平板电脑及智能手机，可以说智能手机已不再是手机，而是具有通话功能的微型电脑。

从过去的固定电话到 2000 年前后手机的普及，再到现在的智能手机，电话产业发生了巨大变革。

2000 年之后，以配研法制造的显像管模拟电视也已经转型为由模块式制造的液晶电视或等离子数字电视。

在汽车产业，长期以来的主流燃油汽车似乎也已被混合动力车、电动车（EV）等环保车所取代。

换言之，日本的半导体产业及电器产业并未能成功顺应上述转型。如果用飞机来打个比方，这就好比尽管已经进入喷气式飞机的时代，但日本却依然还在生产过时的螺旋桨飞机。

目前,日本的汽车产业顺利地适应了时代潮流的变化,以集成技术造就的汽油发动机及混合动力车引领世界。然而10年、20年后,当电动车及燃料电池车的时代悄然而至时,日本的汽车产业能否像现在一样安然处之,就不得而知了。但凡一步走错,便可能会重蹈半导体产业和电器产业的覆辙。

与产品共变化的半导体

电脑、电话、电视等数字家电产品以及汽车等,都使用了大量半导体。

准确说来,半导体是指半导体集成电路,本书中将之简称为半导体。它的英文是IC（integrated circuit）,大规模IC被称为LSI（large-scale integration）。

半导体是上述产品的核心零部件,通过组装到产品中来实现产品的功能。当时代更替,产品寿命殆尽,且为其他产品取而代之时,过时的核心零部件——半导体产品自然会滞销。半导体产业也无法逃避被更新换代的命运。

那么,我们来观察一下1971～2012年世界半导体销售额前10的更迭(见表0-2)。

从表0-2中可以一目了然地看到,1990～2012年约20

年间，一直保持前 10 的只有东芝[一]、德州仪器[二]、英特尔三家公司。另外，自 1971～2012 年约 40 年间，稳居前 10 的企业只有德州仪器一枝独秀。

表 0-2　半导体销售额排名变迁

	1971 年	1981 年	1991 年	2000 年	2012 年	2030 年
1	德州仪器	德州仪器	NEC	英特尔	英特尔	?
2	摩托罗拉	摩托罗拉	东芝	东芝	三星	?
3	Fairchild	NEC	飞利浦	摩托罗拉	三星	?
4	IR	飞利浦	摩托罗拉	三星	德州仪器	?
5	美国国家半导体公司	日立	英特尔	德州仪器	东芝	?
6	Signetics	东芝	富士通	STMicro	瑞萨电子	?
7	AMI	National Semicon	德州仪器	摩托罗拉	SK Hynix	?
8	Unitrode	英特尔	三菱	日立	STMicro	?
9	VARO	松下	飞利浦	Infineon	Broadcom	?
10	Siliconix	Fairchild	松下	Micron	Micron	?

资料来源：电子杂志《半导体数据手册》的"VLSI 报告"（Press Journal 出版）。

由此可见，半导体制造商的竞争是如何激烈。相反，也

[一] 东芝，日本最大的半导体制造商，也是第二大综合电机制造商，隶属于三井集团。20 世纪 80 年代以来，东芝从一个以家用电器、重型电机为主体的企业，转变为包括通信、电子在内的综合电子电器企业。进入 90 年代，东芝在数字技术、移动通信技术和网络技术等领域取得了飞速发展，成功地从家电行业的巨人转变为 IT 行业的先锋。

[二] 德州仪器（Texas Instruments），总部位于达拉斯，全球最大的模拟电路技术部件制造商，全球领先的半导体跨国公司，主要从事创新型数字信号处理与模拟电路方面的研究、制造和销售。

可见约40年间一直立于不败之地的德州仪器是多么伟大。

如此一来，可见各个产品基本是以10～20年为单位进行更新换代的。同时，产品中使用的半导体也发生了转型。

2000年日本退出DRAM市场，尔必达的破产，日本的SOC业务一蹶不振，电视产业的凋敝，以及美国英特尔陷入危机，这些都源于它们没有适应各自产业的转型，从而陷入了创新的窘境。

日本半导体产业与零战的共通性

日本的半导体及电器产业的盛衰荣枯让人联想起活跃于第二次世界大战战场上的零式战斗机（以下简称"零战"）。

零战亮相之际，以其出色的战斗能力及远航距离闻名，被视为"无敌"战斗机。开战初期，美国战斗机应对零战的策略便是"逃跑战略"。

然而，随着战争不断激化，到战争后期，零战逐渐失去无人能敌的优势。这是因为美军对零战进行了彻底研究，找到了零战的致命弱点。零战在超高度性能、超高速性能及防弹性能方面均存在问题。美国战斗机F6F[⊖]（地狱猫战

[⊖] 第二次世界大战服役于美国海军的舰载机，因性能优良，在第二次世界大战中期开始成为美军舰载机的主力机型。第二次世界大战中该机型对日军战机的交换比率高达1∶19。

斗机）为攻击零战的这一弱点，以超高度为庇护，采取一击制胜法，接连击落了大量零战。

零战的防弹性能之弱尤其致命。为实现海军要求（当初被认为不现实）的战斗能力及远航能力，零战机体必须非常轻盈。结果，日本海军失去了很多经验丰富的飞行员。

针对大型机厂商曾提出的"给我们生产永远不坏的DRAM"的要求，日本的DRAM厂商不计成本，真的生产出了质保高达25年的高品质DRAM。无独有偶，丰田要求瑞萨电子生产零缺陷的汽车半导体（微型电脑），于是，瑞萨电子一次次反复测试，即使公司陷入赤字、入不敷出了，也没有放弃生产高品质的微型电脑。

在此，可以看出日本半导体与零战的共同点。零战是在海军的要求（无防弹墙）下定制生产的，而DRAM及微型电脑也是按照大型机厂商及丰田对品质的要求（无视成本）定制生产的。

零部件标准化及通用化未能实现

时过境迁，沧海桑田，然而日本人依然操持旧业，止步不前。

零战与半导体的共通性难道是源于日本人的本性吗？

零战最大的问题在于其构造不适合批量生产。零战由中岛飞机㊀及三菱重工㊁制造。我听说其制造方法是将缜密的"集成技术"运用到极致。正因为如此,日美战争甚至被称为"名手技艺与现代科技的交战"。(《零戦と戦艦大和》文春新书,2008年)

据该书介绍,中岛飞机与三菱重工虽然都生产零战,但因产品没有实现标准化,出现了各种问题,比如即使是同一型号,三菱制造的油箱却无法安装到中岛制造的飞机上,生产一线上使用的维修方法也不尽相同。

说到底,战争以数量取胜。然而,虽然仅有两家制造工厂,但两家工厂之间却不能实现零件标准化和通用化,单凭工人用手工一台一台制造,只能说日本从一开始就没有任何胜算。

可见,日本人没有整体最优意识,倾向于追求局部的最优化。

在我看来,零战的例子与日立和NEC合资成立的尔必达公司的情况非常相似。虽说都是DRAM,但是日立和NEC的生产方式完全不同,毫无兼容性可言。因此,尔必

㊀ 中岛飞机公司,中岛知久平创立,第二次世界大战中日本主要的发动机以及战机研发与生产商。日本战败后,更名为富士重工株式会社。
㊁ 三菱重工(Mitsubishi Heavy Industries)是日本最大的军工生产企业。

达成立仅两年后，其市场占有率就降到了原来的1/4，公司濒临破产倒闭。

进一步分析可知，零战开始参战时的确是以压倒性优势凌驾于其他国家的战斗机之上。但是开战后，厂家并没有进行深入的技术研发，而是（按照海军命令）不断进行一些（可有可无的）微调。在这种毫无意义的反复中，它被美国迎头追赶并赶超。

可以说，半导体和电机也走了同样的老路。对最多5年就会被更换掉的PC，却要求用于其中的DRAM具备25年质保的高品质；对于那些安装在汽车上，却很可能一次都不会使用的气囊用半导体（微型电脑），日本厂商一心追求着零缺陷；虽然电视的画质早已超越人眼的辨别范围，但日本厂商依然在追求画质的提高。

曾经，日本索尼○销售了随身听，改变了人们享受音乐的方式，但在当下的日本，已经没有这类社会性变革了。半导体和电器产业所进行的变革都是框架内的，若要打个比方，我只能将其比喻为像在鸡蛋里挑骨头一样的改善和改良。

○ 索尼（SONY）是日本的一家全球知名的大型综合性跨国企业集团，是世界上民用及专业视听产品、游戏产品、通信产品核心部件和信息技术等领域的先导之一。

未能与时俱进的企业和产业走向衰落

即便只是进行类似鸡蛋里挑骨头一样的改善与改良,但只要产品能够销售出去那也无可厚非。然而在各领域,每隔10～20年产品就会更新换代。很自然地,产品中的半导体也会更新换代。结果,原本畅销的产品会突然间滞销,而沿用至今的技术也就沦为无用之物。

本书将分别详细阐述日本退出DRAM市场(第3章)、尔必达的破产(第4章)、瑞萨电子的衰落(第5章)、日本电视产业的崩溃(第6章)、英特尔的危机(第7章)的原因。其实,导致这些悲剧发生的一个共同原因就是:遭遇产业转型的洪流,陷入产品创新的窘境,最终导致公司陨落。

日本"技术实力神话"的危害

如上所述,我与日本的半导体产业共进退,一直走到了今天。我起初作为技术人员亲身参与制作半导体,后来转型为社会科学人员及顾问,研究日本半导体产业没落的原因。在此过程中,我发现日本半导体未能与时俱进,陷入创新窘境,从而走向衰落。

在我近30年的"半导体人生"中，最常听到的说法就是"日本技术实力雄厚"。一般的日本人、媒体人、评论家及学者对此似乎都深信不疑，天真地认为日本是"制造业大国"，"日本技术实力雄厚"。

本书则要告诉大家，正是这个技术实力神话使得日本制造业陷入困境。

的确，1998年，日本在半导体、电视及电子领域以"Japan as Number One"（日本世界第一）之势席卷全球。

我感到无奈的是，在30年后的今天，日本的媒体人、评论家、学者们等仍旧坚信"日本的技术实力依然是世界第一"。这些人到底认为日本的哪个领域的哪项技术是世界第一呢？恐怕，他们并无深刻见解，只是凭感觉说"日本的技术实力世界第一"吧。

技术实力有这样几个判断标准：实现高品质的技术实力、实现高性能的技术实力、以低成本生产的技术实力、以短时间生产的技术实力。仅凭某一标准判断日本拥有很高的技术实力，便得出"日本技术实力雄厚"的结论是完全错误的。

此外，一些幸运儿于20世纪七八十年代进入公司，他们搭载日本经济高速增长期的快车，现在成了日本电子企业的管理层。这些人依然敢于宣称"日本技术实力世界第一",这让我感到头疼。

经历过这些年代的人拥有强烈的成功自豪感,他们毫无根据地坚信"日本在技术实力上绝对不会输",从而阻碍了企业的变革。

东山再起的第一步:承认失败

如上所述,日本大部分电子企业不能够与时俱进、更新换代,从而陷入创新窘境最终导致落败。而且,它们在技术层面则完全输给了成功转型的韩国、中国台湾地区企业。

有人说"日本在技术层面是赢家,但败在经营管理上",这种看法是错误的。如果正视现实,可以说日本"无论在技术上还是在经营管理上都一败涂地"。

日本的电子领域若要重获辉煌,首先必须要老老实实地承认自己"输了"。因为只有承认自己"输了",才能彻头彻尾地进行自我革新。

幸运的是,据我分析,日本虽在某些技术上力不从心,但对另一些技术却得心应手。而灵活运用这些擅长的技术,进行技术创新,才是东山再起的唯一途径。

这里所说的"创新"(innovation)，我也多次强调过，并不是指《日经新闻》经常误译的"技术革新"。根据经济学家约瑟夫·熊彼特⊖的定义，所谓"innovation"，就是"发明与市场的新的结合"。

近来，我将"迅速普及的技术和产品"称为"innovation"。

本书构成及各章节内容

第1章我将简单概述自己如何与半导体结缘。我从研究生院毕业后进入日立制作所，开始一个半导体技术人员的人生征程是在1987年。当时正值日本经济的鼎盛时期，亦是日本半导体的黄金时代。此后的25年间，日本半导体产业一直在走下坡路。

第2章我将说明何谓半导体，如何制造半导体，其中用到何种技术。如果读者觉得内容繁杂，可越过此章不读。但是，机会难得，如果读者能借此稍微了解一下半导体，对我来说也是无上光荣。

此外，有学者及媒体人认为"只要买来设备排成一排，

⊖ 约瑟夫·熊彼特（Joseph Schumpeter，1883—1950），奥地利政治经济学家，在熊彼特的经济模型中，能够成功"创新"的人便能够摆脱利润递减的困境而生存下来，那些不能够成功地重新组合生产要素的人会最先被市场淘汰。熊彼特认为，资本主义的创造性与毁灭性是同源的。

按下按钮，人人都可以制造半导体（尤其是DRAM）"，但是读完此章你就会明白，事实并非如此。

第3章将论述日本为何退出DRAM市场。另外，我还将从借调到尔必达时的工作经验出发，阐述同样是DRAM，日立和NEC的生产技术大不相同。NEC重视统一性，而日立则优先采用新技术。从结果来看，双方都将手段和目的张冠李戴了。

第4章将在第3章的基础上，通过与三星电子进行对比来阐明尔必达倒闭的原因。

第4章末尾将增加"专栏4-2"，根据我所知道的信息，介绍三星电子强有力的信息网。这在半导体业界虽然已是公开的秘密，但是登载在出版物上尚属首次。

第5章将论述退出DRAM市场、转战SOC的日本半导体产业为何纷纷陷入经营赤字不能自拔。我还将阐述以下三个因素与瑞萨科技落败的关联性：国家项目和合资企业均未能产生协同效应；未能看清SOC的本质；错误选择产生附加价值的技术。

第6章通过阐述曾经辉煌一时的电视产业如何从由集成技术制造的显像管模拟电视转型为由模块式制造的液晶和等离子体等数字电视，进而说明索尼、夏普、松下等企业的电视业务相继崩溃的原因。

第 7 章将论述 1992 年以后，曾高居半导体行业销售额榜首、独占鳌头的英特尔所陷入的困境。正如过去 PC 淘汰大型机一样，现在 PC 也正遭遇智能手机的淘汰。英特尔受到此次更新换代的直接打击，陷入创新的窘境。

第 8 章通过分析数十种半导体制造设备，从而推导出日本既有强项技术亦有弱项技术这一特点。

第 9 章将论述日本制造业若要东山再起，必须进行创新（innovation）。

第 9 章是本书的结论，读完此章后，想必读者就会明白日本制造业今后的目标。

重拾创造性模仿能力

提到创造，一般认为其意味着"从无到有"，这种认识其实是错误的。我想要强调的创造是：结合两个以上的事物。其实这是一种模仿能力，这种能力过去曾是日本的撒手锏。

然而，日本的电子产业在登顶之后不久便失去荣光，遭受重挫。日本若要重新获得竞争力，就必须重拾曾经抛弃的创造性模仿能力，进行创新，这才是日本重生的捷径。

我们不可能去预测未来的更新换代（转型）。但是，我想再次强调的是：世间万物的普遍真理就是"变化"。换言之，更新换代终究会到来。

因此当务之急是，尽早抓住转型的契机，并与之适应以未雨绸缪。为此，我们必须时刻关注全世界70多亿人的动向，窥探创新的机会。

这一条不仅适用于半导体和电器产业，对于目前国际竞争力较高的日本汽车产业来说也同样适用。

|专业术语的科普|

现在，我们用一幅图来解释一下频繁出现在本书中的专业术语。

在你阅读的过程中，当遇到"这是什么"的疑问时，请你参考一下下图。

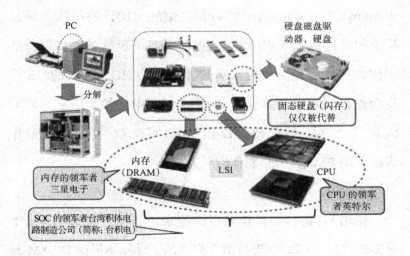

在各位读者中，也许有人曾经拆卸过台式电脑。现在市面上出售的台式电脑基本上都是由十多个零部件组装而成。

在这几个为数不多的零部件中，半导体（此处不是指"半导体"这种介于导体和绝缘体之间的材料，而是指由半导体制成的半导体集成电路），也就是LSI（大规模集成电路）至少有2件（最近有3件）。

让我们沿着从电脑启动到正常工作的这一系列流程，来看看半导体在其中都发挥了何种作用吧。

◆ DRAM

打开PC电源后，就会听到咔嗒咔嗒的响声。这是设备在读取HDD存储装置内的OS信息的声音。所谓OS，即Windows 7及Windows 8等操作系统。HDD的结构与录放机类似。这是源于它由储存OS等信息并旋转的磁盘以及从中读取信息的磁头所构成。紧接着，从HDD读取的OS信息会被传输到半导体储存器DRAM之中。如此一来，才形成PC。接着，我们便可以用Word写文章，用Excel制作表格，用PowerPoint制作幻灯片等。

◆ CPU

使用PC进行的操作是以键盘录入的信息为基础，由半导体处理器"CPU"进行演算完成的。计算结果由DRAM储存。那么，为何最初会从HDD中将OS信息传输到DRAM之中呢？这是因为HDD虽然可以存储大量的数据，但是读取和录入却非常耗时。DRAM的存储量虽然无法与HDD相提并论，但是读取和录入速度却相当快。因此，从HDD这个数据"仓库"中将需要的OS信息取出放到DRAM这个"桌面"上，然后和CPU一起高速工作。如上所述，DRAM和CPU是PC中不可或缺的两种半导体。

◆ NAND闪存（SSD）

近来，很多PC将HDD换成了NAND闪存半导体，亦有人将此存储器称为"SSD"（solid state drive）。NAND是1987年由东芝开发的。HDD类似录放机，因此不耐撞击，且零件繁多，结构复杂。但是NAND闪存半导体耐撞击，且只需存储芯片和调节器即可，因此设计简单。它的不足之处在于读取、录入次数有限，且价格比HDD要高。但是，随着存储器制造商的技术进步，NAND闪存的读取录入次数飞速提升，价格也有所降低，起初仅用于上网本等低价PC，后来开始用于高性能PC及服务器。

◆ SOC

长期用于PC的主流存储装置HDD逐渐已被NAND闪存这一创新技术所取代。此外，很多微型PC、智能手机以及平板电脑的主要存储装置一开始便舍弃了 HDD 而使用了 NAND 闪存。这些终端与 PC 相比，必须在极其微小的空间内装入所需零件，因此包括存储器在内的处理器基本都是单芯片。我们将这种 LSI 称为 SOC，也有人将 SOC 称作"LSI 系统"。

如此一来，智能手机、平板电脑等的处理器与 PC 用的处理器不同，被称为"AP"（即应用处理器）。

* * * * *

总而言之，PC、智能手机、平板电脑等信息通信器材所使用的主要半导体有 DRAM、NAND 闪存、CPU、SOC 等。另外汽车上还使用车载半导体（微电脑）。

半导体行业的世界巨头如下：DRAM 和 NAND 闪存是韩国三星，PC 用 CPU 则是美国英特尔，SOC 制造领域是中国台湾地区的台积电，微电脑则是瑞萨电子。

| 第 1 章 |

我的半导体技术人生

首相真的理解制造业吗

在叙述我的半导体人生之前,先引用一下2013年6月5日安倍首相"第三次经济增长战略演讲"(于内外情势调查会)的部分内容。

对于此次演讲,各种负面评价层出不穷,如"内容浅薄空洞""缺乏具体性""东拼西凑"等。而我更为担心的是,首相、政治家以及官员们是否真正理解制造业的本质。

安倍首相在演讲的开头部分做了如下发言。

"现在正是日本引领世界经济复苏的时机。

"世界也开始行动。奥巴马总统在呼吁'复兴制造业'。欧洲也将重点转向经济增长,制造业再次受到瞩目。

"世界在推动'工业资本主义'的振兴,而此时,日本应该成为引领世界强有力的引擎。"

按照字面意思理解,就是说日本也应该学习美国"振兴制造业",这是首相亲自发表的宣言,是非常振奋人心的,方向也是正确的。但是,安倍首相却完全没有谈及振兴的具体措施和路径。

演讲内容涉及解禁药品的网上销售以及放宽政策、建立特区的构想等内容。但既然日本是"制造业大国",那就应该谈一谈如何重振制造业的竞争力。遗憾的是,首相完全没有谈及这一点。

至今为止,这样的场面已经反复了很多次。作为一名半导体技术人员,作为从事本国制造业工作的一员,我感到深深的遗憾。

究其原因,从某种意义上可以说,正是由于这些政治家、官员的不理解,我作为技术人员的大半人生才会几经沉浮、跌宕起伏。

奥巴马总统突然造访 AMAT

与日本首相安倍晋三形成鲜明对比,美国总统奥巴马似乎是真心希望振兴美国制造业。下文将介绍一则新闻，包括5大主要报纸在内的日本媒体无一对此进行报道。

2013年5月9日，奥巴马总统突然造访位于得克萨斯州奥斯汀的AMAT⊖（Applied Materials，应用材料公司）。此新闻在美国成为热门话题，然而日本报纸却未对此进行任何报道。

AMAT公司是一家设备制造厂商，1992年以后该公司的半导体制造设备销售额稳居世界第一。2013年9月24日，AMAT宣布与世界排名第三的东京威力科创⊜（Tokyo Electron）合并，引起了业界的广泛热议。

图1-1是奥巴马总统视察AMAT的生产设备装配工厂时的情形。图中左侧进行解说的就是AMAT当时的CEO迈克尔·R.斯普林特。据说公司的超级VIP即使进入无尘室也不用穿戴清洁套装（防尘服）。二人之间有两种直径不同的硅晶圆。前方的就是目前用于半导体芯片标准化生产的直径为300mm的硅晶圆。而内侧有奥巴马总统倒影的就是

⊖ 美国应用材料公司（Applied Materials）成立于1967年，是为电子行业提供纳米制造技术方案的全球领先企业，其产品与服务被广泛应用于半导体芯片、平板显示器、太阳能电池、软性电子产品和节能玻璃面板的制造。目前，应用材料已进入太阳能面板和玻璃面板的生产设备领域。

⊜ 东京威力科创是日本的电子和半导体企业，主要产品为半导体成膜设备、半导体蚀刻设备和用来制造平板显示器液晶的设备。同类产品在全球居第二位。

即将开始批量生产的直径为450mm的硅晶圆。(摄影师的技术着实高超!)

提供450mm硅晶圆的是研制了最先进半导体光刻技术的Molecular Inprints公司,据说英特尔的领导也一起参加了视察。

图1-1　突然造访应用材料公司的奥巴马总统
资料来源:Molecular Inprints。

奥巴马真心冀望美国回归制造业

我听说奥巴马总统参观了工厂之后,还在1000多名AMAT员工面前发表演讲,称"美国政府将全力支持半导体等高新制造业"。

奥巴马总统在自己第一任期的初期就提出了5年内实现美国工业产品出口倍增的计划。起初所有人对此都持怀疑态度，但美国国内的氛围却发生了巨大的变化。

虽然以再生能源的普及为依托的绿色革命以失败告终，但是我们可以看到，3D打印机、机器人、脑科学以及网络安全等产业都取得了长足进步。而且，从此次突然造访我们也可以看出，美国下定决心要加强最尖端的半导体产业。页岩气革命也助推了其发展。

可见，奥巴马总统真心冀望美国回归制造业。

就在2012年5月，奥巴马总统也曾突然访问过位于纽约州立大学奥尔巴尼分校（State University of New York at Albany）的纳米科学与工程学院（College of Nanoscale Science and Engineering，CNSE），并在该校发表了如下演说："贵学院是唯一一所注重纳米技术的优秀大学，这里汇聚了世界顶尖研究人员。希望你们的研究能够扩展到全美。"

奥巴马连续两年访问半导体相关机构，受到了各界的关注。据奥尔巴尼分校的平山诚教授介绍，该事件被大大小小近百家媒体广泛报道。

而日本媒体未对该新闻进行任何报道，这是否意味着其已对半导体毫无兴趣了呢？虽说日本的半导体产业萎靡不振，但是对美国半导体业界的大事件日本媒体却完全不予报道，这可以说是一种失职。安倍经济学的第三支箭"刺激民间投资的经济增长战略"可以说相当于奥巴马总统的回归制造业战略。如此说来，安倍首相应该访问相当于 CNSE 的筑波创新竞技场（TIA）以及在半导体设备方面可以与 AMAT 匹敌、名列世界第三的东京电子。

如果说对衰落的半导体产业心有余而力不足的话，那么访问丰田汽车也是一个选择。这是因为如果能够直接得到本国领导人的鼓励，对于员工来说毋庸置疑是一剂强心针。而从这一点，我们可以感受到日本和美国认真程度的差距。

停留于考察、分析层面的"制造业白皮书"

日本政府每年都会出台《制造业白皮书（关于制造业基础技术的振兴政策）》。《制造业白皮书》是依照《制造业基础技术振兴基本法》第 8 条，每年向国会报告的年度报告书，由厚生劳动省、文部科学省、经济产业省共同完成。自 2001 年开始制作，目前已经出台 12 册，并将出台第 13 册。

各省厅跨部门总结并出台这样的白皮书，是日本政府重视制造业的佐证。然而其内容却让人难以苟同。

因为虽然每次都进行考察和分析，但是缺乏具体建议。

2012年度的《制造业白皮书》于2013年6月7日在内阁会议上通过。该白皮书的梗概指出，关于日本制造业，"日元贬值使得企业的短期业绩好转，但是由于生产基地转向海外、研究开发经费削减等因素，企业中长期竞争力的下降令人忧虑"，并敦促企业加强研发以及增加设备投资。

但是，关于如何才能强化研发、促进设备投资这一点，白皮书并没有明确的叙述。

譬如，该白皮书对日本的电器产业，索尼、松下、夏普等纷纷陷入危机的状况，做了如下考察和分析。

在新兴国家市场，日本企业在规划、市场营销、销售等方面落后于他国企业。市场营销能力较弱的原因在于"经营战略"和"缺乏国际化人才"；销售能力弱在于严重缺乏"价格竞争力"以及"缺乏国际化人才"和"销售渠道"。该考察、分析的大方向是正确的。但这只是研究的一个结果，并不意味着解决了"国际化人才不足""销售渠道"匮乏的问题后，日本的制造业就一定会复苏。

此外，白皮书还指出日本制造业的研发经费减少这一问题。日本制造业的研发经费在2007年达到12.2万亿日元的顶峰后，2010年减少到10.5万亿日元，2011年日本国内的设备投资仅为1990年的70%。以电器产业为例，松下、索尼、夏普三家公司的设备投资金额合计为100.0136万亿日元，还不及韩国三星一家公司的100.5788万亿日元。

在此基础上，白皮书建议：日本制造业的技术实力依然处于较高水平，但还需要通过跨太平洋伙伴关系协议（Trans-Pacific Partnership Agreement，TPP）等国际组织进行灵活的经济合作、推行促进设备投资的政策、缓解由行业整合引起的过度竞争等手段来提高企业的国际竞争力。

这里再次提到了"日本制造业技术实力依然处于较高水平"，那么是否如白皮书所宣称的那样，只要"促进设备投资""缓解由行业整合引起的过度竞争"，日本制造业就能复苏了呢？我只能遗憾地说，并非如此。

换言之，《制造业白皮书》完全没有触及日本技术实力所面临的根本性问题。

我于日本半导体产业高峰期入职日立

接下来我将简单概述一下，我的半导体人生是如何不断被这一系列对制造业缺乏理解的国家政策所戏弄的。

我完成京都大学的核能工程专业的硕士课程之后，于

1987年4月进入日立制作所。当时日本半导体产业称霸世界，半导体储存器DRAM的世界市场占有率高达80%。可以说半导体产业是当时日本的镇宅之宝，是日本的核心产业。

图1-2包含了曾经支撑日本半导体产业的DRAM的各国市场占有率的演变和我作为半导体技术人员的人生变化。看完此图，读者便可以了解我的人生起伏和日本半导体的兴盛衰落是一致的。

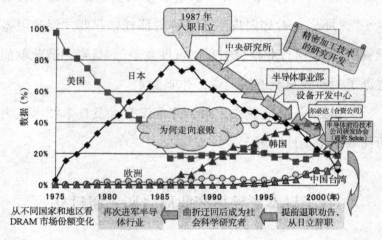

图1-2　与DRAM的兴衰共沉浮的技术人生
资料来源：DRAM数据来自Gartner公司。

我在日本半导体发展顶峰时期成为半导体技术人员。

起初被分配到中央研究所，负责研发新一代半导体精密加工设备。

8年后的1995年，我调职到日立的半导体事业部的武藏工厂（DRAM工厂），从事用于批量生产4～16MB DRAM的精密加工技术的研发。1998年，我又调到日立的设备开发中心，而这次是开始负责研发用于1GB DRAM的精密加工技术。

我在日立中央研究所、DRAM工厂、设备研发中心时，从未怀疑过日本的技术和技术实力。日立所有员工都深信日本技术无疑是世界最强的，我也认为自己的技术是世界第一的。

当时我们只将竞争对手锁定于国内的东芝和NEC，根本没有把韩国和中国台湾地区放在眼里。

然而，自20世纪90年代初开始，韩国三星电子公司迅速成长，与此相反，日本DRAM的市场占有率却不断下滑。结果，仅凭1家公司难以独立运营，1999年12月，日立和NEC成立了DRAM的合资公司尔必达。而东芝、富士通、三菱电器等不得不退出DRAM舞台。

尔必达储存器在经济产业省的支持下，成为走投无路的日本半导体产业最后一颗棋子。

当时主导合资经营的前经济产业省官员福田秀敬回忆道："母公司 NEC 和日立制作所虽无投资能力，但是有技术。我相信它们可以上市，因此支持它们合资。"

借调尔必达，见证惊人现实

我于 2000 年 2 月自愿从日立借调至尔必达。后来耳闻，最初借调至此的 800 人中，毛遂自荐的只有我一人。或许是因为没有人愿意接手连日立和 NEC 都维持不了的 DRAM 这个烂摊子。

日立和 NEC 的 800 名借调人员集中到了 NEC 相模原的工艺研发中心。在约 1 年的时间里，我在 NEC 工厂内与 NEC 的技术人员共同开发 256MB DRAM。

那时，我才开始怀疑日本的技术和技术实力。让我震惊的是，即使是生产同样的 DRAM，日立和 NEC 竟有如此大的差别。工艺流程、装配、相关的技术人员种类和人数等都大相径庭。最大的分歧在于两个公司对技术和技术实力的看法及哲学思考完全不同。

打个比方，尔必达开会提到"技术开发"时，日立和

NEC 的技术人员脑海里描绘的是不同的画面。

结果，在尔必达内部，日立与 NEC 掀起了一场波澜壮阔的技术霸权争夺战。因为日立和 NEC 都认为自己的技术实力是世界第一。尽管三星电子已夺取市场，日本公司只有成立合资企业才能生存下去，但就算是在这样严峻的现实面前，双方依然深信自己在技术（实力）上并没有输给三星。这一问题将在第 4 章详细叙述。

我在尔必达内部斗争中成了 NEC 的手下败将，被贬为科长，失去了部下也失去了工作，最终被尔必达扫地出门。后来，从 2001 年 4 月开始，我进入半导体前沿技术公司研发协会（通称 Selete）。

Selete 是由 13 家半导体生产商共同成立的半导体共同研究机构。在日本产业界，伴随着世界市场占有率的降低，就会出现由国家主导成立类似这样的联盟。

但是，与半导体产业相关的联盟中，除了 1976 年设立的超 LSI 技术研究工会之外，其他无一例外均以失败告终。换言之，自日本半导体产业陷入低谷后，成立的联盟不计其数，但均以失败告终。联盟越是成立，日本半导体反而更加衰弱。详情将在第 5 章论述。

国家项目"Asuka 计划"的失败

此时除了尔必达,日本半导体产业的各大公司均退出 DRAM 市场,转向了 SOC。所谓 SOC 是"system on chip"的简称,是将处理器和储存器等集成在一个芯片上,实现一系列功能(系统)的半导体,也称为"系统 LSI"。

Selete 作为国家项目"Asuka 计划"的开发单位,负责 SOC 基础工艺技术的研发。我承担了 SOC 之中精密加工技术的研发工作。

国家项目"Asuka 计划"的目标被定位为"日本半导体产业的复兴"。但是,我并不明白怎样才算是日本半导体产业复兴,即不知道复兴的定义是什么。此外,我也不明白在 Selete 开展的技术研发与"日本半导体的复兴"有何关联。

我在尔必达公司萌发的对日本技术实力的疑问,在 Selete 不断增大。

从结果来看,尽管成立了以"Asuka 计划"为代表的诸多联盟和国家项目,投入了大量资金,集结了日本半导体厂商的技术人员,但是日本的 SOC 依然陷入了不可挽回的状态。最终,瑞萨电子面临破产,富士通和松下合并了设计部门，东芝 SOC 业务的规模大幅缩小。

在那之前，业界一直夸耀"日本的工艺技术实力雄厚"，对此，不仅无人质疑，而且还要将之变得更强。但结果正如各位亲眼所见。

我们只能说，一定是在哪一步走错了。

到底是在哪一步、如何走错的呢？日本的工艺技术实力真的强大过吗？SOC 要想获得成功真的需要加强工艺技术吗？到底是谁做了这样错误的判断呢？

"咎由自取"后仅拿到 100 万日元退休金

2000 年 IT 泡沫破灭，半导体产业陷入极度萧条的处境。这导致日本半导体厂商进行了大规模裁员。日立裁员 2 万人，东芝 1.8 万人，富士通 1.64 万人，NEC 400 人……

我所在的日立，对半导体相关部门提出了"希望 40 岁以上、课长职位以上的人员全部自行退休"的提前退职劝告。

我当时正好 40 岁，并且担任主任研究员（课长级），接到了 3 次提前退休劝告。估计由于我那时正借调到 Selete，所以情况更是雪上加霜。

在日立，一旦调职就无法再回到日立公司。所以，调职的职员只能永远反复被调职。在日立来看，这样的职员可能"眼不见心不烦，更容易辞退"吧。

如此一来，2002年10月，我决定离开工作了15年的日立。然而虽然接受了日立的提前退休劝告，我却无法享受到《提前退休制度》的待遇。

由于用于转职事宜的时间大大超出预期，等到我提交辞呈时，已经过了提前退休制度的最后期限（大约1周）。

结果，我被定为因个人原因退职，最终只领到了100万日元的退休金。

我为何对技术实力抱有疑问

回顾从进入日立到退职这段时间，正如图1-2所示，我和日本DRAM的衰落一同度过了技术人生。其间，日本的DRAM从未有过复苏迹象。随着日本退出DRAM，我作为技术人员的人生也画上了句号，因为有人劝我放弃这一职业。这一结果是我进入日立时万万没有预料到的。

所有人对于"日本技术实力雄厚"这一点都深信不疑。那为何日本在半导体储存器DRAM上输给了韩国，被迫退出市场，而仅存的一家尔必达也濒临破产呢？退出 DRAM 转战 SOC 后，为何瑞萨科技会陷入崩溃的境地呢？

此外，与日本半导体一样，在超薄电视等数码家电方面理应拥有超高技术实力的索尼、夏普、松下又为何会集体崩溃呢？

正因为我走过了这样悲壮的技术人生，才会对那些媒体、评论员、学者们一直深信的"日本技术实力雄厚"的说法抱有巨大疑问。

| 第 2 章 |

何谓半导体

对半导体制造的误解

本章首先将解说何谓半导体、如何制造半导体。虽然有些哲学家和记者撂下狂言,"只要买来最先进的生产设备排成一排,按下按钮,每个人都可以轻松制造半导体"。但这与制造半导体的实际情况相差甚远。

制造半导体,需要经过由高度集成技术构筑的 500 多道工序,所谓买了装置排成一排按下按钮就可制造,简直是无稽之谈。

读完本章,各位读者便可理解我的观点。如果感觉本章内容有难度,你可跳过不读。

半导体到底是何方神圣

所谓半导体,正如其字面意思所示,是指电阻介于金属等"导体"和"绝缘体"之间的物质(见图2-1)。

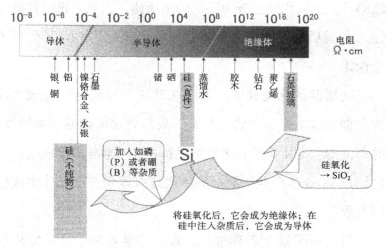

图 2-1　硅晶体既可成为导体亦可成为绝缘体

资料来源:菊地正典的《科技时代的先锋:半导体面面观》(日本实业出版社,1998年)中的 P.13 中的图 1,由笔者制作。

有很多物质都是半导体,地球上最多的就是硅(Si)。硅属于元素周期表中的 IVA 族,最外层有 4 个价电子,这使硅原子相互之间以共价键结合,化学性质非常稳定。因此,纯硅晶体虽说是半导体,但由于电阻高,属于近乎绝缘体的半导体。

如此一来，如果向硅中加入如磷（P）或者硼（B）等杂质，硅的电阻会下降，从而成为导体。另外，高温加热硅，并使其与氧气接触，其表面便会形成硅氧化膜的二氧化硅（SiO_2）。二氧化硅是极为稳定的绝缘体。也就是说，往硅中注入杂质后，它便成为导体，而将之氧化后，它又会成为绝缘体。

利用硅的此类性质，可以在硅片上安装电开关或者放大元件。这就是晶体管。只是，我们通常所说的"半导体"并不是指半导体物质，多数情况都是指"半导体集成电路"。因此，"半导体产业"更准确的说法应该是"半导体集成电路产业"。

只是由于这个名称过长，最终"半导体"这个简称便成了固定用法。因此本书也将"半导体集成电路"简称为"半导体"。

那么，何谓半导体（集成电路）呢？

所谓半导体（集成电路），就是在半导体材料硅基板上集成无数个晶体管、电容、电阻等，使其实现一定功能的电子电路（见图2-2）。

在直径20～30cm的硅片上同时植入成百上千个半导

体，然后逐一切分出来使其形成芯片，最后封装到瓷器或者塑料等材料内。

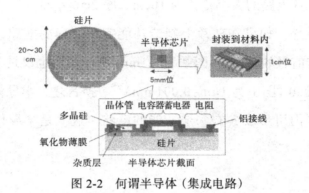

图 2-2 何谓半导体（集成电路）

半导体最大的优点是可以在极小范围内形成电路。接下来，我们来看看收音机电路的制作过程（见图 2-3）。

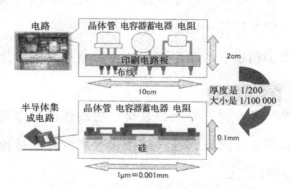

图 2-3 半导体（集成电路）的特征

当使用晶体管、电容器、电阻等离散元（discreet）制造收音机时，将这些离散元插入印刷电路板，焊接后形成电路。这种电路的大小是长为10cm、厚2cm左右。

但是，如果在硅片上制造功能完全一样的电路，其厚度只有前者的1/200（图中为0.1mm），而长度也仅是前者的1/100 000（图中为1μm=0.001mm）⊖。换言之，半导体在极小范围内可形成具有一定功能的电路。这便是半导体最大的优点。

摩尔法则与精密化

"在极小范围内形成电路。"

有一种方法可以将半导体的这一优点再次升级。那就是将植入到半导体内的晶体管等离散元做得更小。如果使晶体管更加精密、细小，那么就可以将更多的晶体管集成到更小的范围内。

如此一来，便可完成更复杂、更高性能的电路。并且还可降低成本。因此，这种精密化和集成化的过程本身便是半导体的发展史。

⊖ 1微米（μm）=10^{-3}毫米（mm）=1000纳米（nm），当下的主流处理器芯片都是钠米级的。——译者注

美国英特尔于1971年发售了用于计算机的半导体处理器"4004"。该处理器中大约集成了2300个10μm的晶体管。从芯片价格逆推计算的话,平均每个晶体管成本约1美元。

英特尔创始人之一戈登·摩尔(Gordon Moore)曾预测"晶体管的集成度将在3年内提高4倍"。这就是著名的"摩尔定律"。英特尔按照该定律不断开发电脑用处理器。

2012年,当时世界最先进的处理器酷睿i7上晶体管的集成度达到了14亿个。

如果晶体管大小不变,那么酷睿i7的个头会是如何呢?$10\mu m \times \sqrt{14 \times 10^8} = 0.37m$,也就是说,这是个长达37cm的巨型芯片。

如果没有精密化,晶体管的单价也不会发生变化。那么,酷睿i7的价格就是1美元×14亿=14亿美元。如果1美元=100日元,那么酷睿i7就是1400亿日元。

将如此庞大且昂贵的处理器安装于PC或者智能手机,想必无人能够买得起,而且携带也十分不便。然而现实是,大多数人都有PC,口袋里都装着智能手机。

正因为想在一个芯片上植入更多功能,所以才要将晶体管高度集成,与此同时,晶体管自身也在不断精密化。晶体管的集成度如果在3年内提升4倍的话，也要在3年间实现0.7倍的精密度。为什么说是0.7倍呢，是因为 $0.7 \times 0.7 \approx 0.5$，也就是说，这是为了将晶体管的面积缩小到原来的1/2。

结果，自1971年至2012年的41年间，一方面，晶体管集成度提高了60万倍，但另一方面，其大小精密到了原来的1/1000。

让人更不可思议的是，晶体管的成本单价下降到了 $1/10^9$ 美元以下。

虽说成本的降低不是完全得益于精密加工，但是据粗略估算，精密加工的贡献率高达80%。

这样，通过推进集成化和精密化，现如今人人才可能拥有自己的PC，也才能随身携带智能手机。

如何制造半导体

上文讲述了精密加工技术对半导体的重要性。但是，半导体并不是仅靠精密加工技术就可以制造的。

制造半导体需要以下3个技术阶段：

①组件技术；

②集成技术；

③批量生产技术。

不断有学者及记者宣称"半导体（特别是DRAM）只要买来最先进的生产设备排成一排，按下按钮，每个人都可以轻松制造"。确实，如果去批量生产DRAM的工厂参观，就可以看到数百台生产设备整齐排列，操作人员按下按钮的情形。此外，技术水平的提高使得生产设备实现一体化也是不争的事实。

但是，仅仅靠购买生产设备，组装后按下按钮是制造不出任何半导体（DRAM亦是）的。因为在半导体制造过程中，还运用了很多集成技术等人眼无法看到的技术。

接下来我们就以DRAM为例，说明分3个阶段进行的半导体制造技术。

1. 组件技术

构成半导体制造工序的最小单位的工艺技术就是组件技术。具体来说，有以下技术：在硅片上形成薄膜的成膜技术，在其薄膜上形成抗蚀剂掩膜的光刻技术，按照抗蚀剂掩膜进行加工的蚀刻技术，加工后除去残渣及颗粒（异物）的清洁技术，测定加工后的图形尺寸以及检测是否有缺陷等的检测技术，等等。

我们将光刻技术与蚀刻技术共同称为精密加工技术。此外，还有CMP（chemical mechanical polishing，化学机械抛光）技术、离子注入技术、热处理技术，等等。

简而言之，半导体是在25～30次地反复进行"成膜→光刻→蚀刻→清洁→检测"这一循环后，通过在硅片上形成三维结构而制造出来的。

顺便一提，我曾在日立、尔必达和Selete负责研发蚀刻技术。蚀刻技术又分为使用药解的湿法蚀刻（wet etching）和使用等离子的干法蚀刻（dry etching）。目前主要使用后者。因此后来提到蚀刻技术一般是指干法蚀刻。

2. 集成技术

结合组件技术，将半导体植入硅片，构建这一工艺流程的技术就是集成技术。譬如在生产DRAM时，要制定500道以上的工艺流程。该工艺流程首先在开发中心制定。制定的工艺流程必须是可实际生产的，在晶圆上至少能制造出一个这样的DRAM，该DRAM必须满足半导体的电流电压特征、运行速度、功耗等性能规格，且能完全运行。

在制定工艺流程阶段，其组件技术的组合方法是无限的。即使是制造同样集成度、同样精密度的DRAM，不同半导体厂家采取的方式也各不相同。此外，不同的集成技术人员的工艺流程构建方式也会不同。

集成技术的难度在于，如何在短时间内完成从无限的组件技术组合中，制定低成本、满足规格且完全运行的DRAM工艺流程。

半导体厂商的集成技术人员的作用相当于乐队指挥。我们来想象一下某管弦乐队要演奏柴可夫斯基作曲的《天鹅湖》的情景。

首先编曲者需要想象该乐队在什么样的场合演奏，如何演奏，然后在原曲基础上进行编曲。而乐队指挥在此基础上，通过指挥管弦乐队的小提琴手、长笛手、长号手等各乐器演奏者，最终奏出交响乐。

与此如出一辙，生产由英特尔发明其基本原理的DRAM时，在各半导体厂家的设计部，譬如设计用于PC的DRAM，集成技术人员根据设计结果制定其工艺流程。并且，集成技术人员根据工艺流程，指挥成膜、光刻、蚀刻、清洗、检查等组件的技术人员进行生产，以制造满足规格并完全运行的DRAM。

当然，根据最初制定的工艺流程制造出的DRAM无法运行，这对技术人员来说都不是什么新鲜事。这样一来，为了制造出至少一个能完全运行的 DRAM，技术人员需要不断地变更工艺流程。

工艺流程的制定方法以及组件技术的指挥方法因半导体厂家而异，或者说因集成技术人员而异。世界上有一流的乐队指挥，亦有滥竽充数者。同样，集成技术人员的水平也是良莠不齐。

3. 批量生产技术

将研发中心通过集成技术构筑的工艺流程移交给批量生产工厂，在硅片上植入符合目标质量要求的半导体并进行大量生产的技术就是批量生产技术。

批量生产移交的方法有精确复制和基本复制两种。如果研发中心和批量生产工厂的设备属于同一机种，一般会直接复制工艺条件，这就是精确复制。但是如果两者设备不同，为得到相同的工艺结果，就必须调整工艺条件，这就是基本复制。毋庸置疑，精确复制要比基本复制更容易进行批量生产。

但其实真正严格意义上的精确复制基本是不可能的。也就是说，即使研发中心和批量生产工厂的设备相同，在同样的工艺条件下也未必能够得到同样的结果。坦率地说，一般情况下难以得到相同的结果。

这是因为即使是同样的设备，两台机器之间也会存在微小的性能差异。这种差异称作机差。机差可以说是半导体制造设备厂家在生产同一型号的设备时，因不可控因素的存在而可能产生的设备差异。随着半导体精密化程度的不断提高，机差问题也日益显著。

也就是说，随着精密化程度的提升，需要实施高精度的加工，此前生产过程中不会成为问题的微小的机差都成了严重的问题。

有人说美国英特尔将精确复制发挥到了极致。

据说，英特尔要求位于爱尔兰、以色列以及美国的12英寸⊖晶圆批量生产工厂不仅要统一制造设备的类型、型号，就连每一根管道的规格都要严格统一。此外，它还制定了设备维修、维护检查细节等详细指南，要求上述三个工厂严格按照操作指南执行作业。

即便如此，上述三个工厂产品的成品率还是有差异。其根本原因还是在于设备的机差。

在批量生产技术方面，成品率具有重大意义。成品率

⊖ 1英寸=0.0254米。

就是植入硅片的半导体成品中合格产品所占比率。一般来说，刚从开发中心将工艺流程转移到批量生产工厂的阶段，批量生产工厂的成品率几乎是 0%。

而将成品率尽快提高到接近 100%，并且长期维持接近 100% 的成品率的技术，才是真正的批量生产技术。

仅凭一个按钮无法制造半导体

开发中心的集成技术人员的使命就是尽最大努力制定 DRAM 的工艺流程，使至少一个 DRAM 能够完整运行。批量生产工厂的集成技术人员的使命则是在该工艺流程的基础上，完成能获得高成品率的工艺流程。毋庸置疑，此时，批量生产工厂的集成技术人员会指挥工厂里的组件技术人员。

但是，有时也会遇到成品率难以提高的情形。这时，有可能需要重新制定工艺流程。在需要进行大规模调整时，该工艺流程就会被退回开发中心。更不幸时，则可能需要重新设计。

这样，从开发中心最初制定的工艺流程到形成能使批量生产工厂获得高成品率的工艺流程，通常需要 5～10 次反复。

如上所述，半导体的制造需要精密集成了各种组件技术的集成技术以及提高成品率的批量生产技术。只有这样才能制造出半导体。

尽管如此，还是有学者及媒体记者认为"只要买了设备，排列好，按下按钮，人人都可以生产半导体"。

这种观点误导了日本人，使他们认为三星电子凌驾于日本半导体之上的原因仅在于其半导体产业投资规模的大小。

第 3 章
DRAM 溃败与技术文化

追求极限性能的技术文化的确立

如第 2 章所述,半导体制造技术需要精密的集成技术。而这些技术并不是一朝一夕就能形成的。在 20 世纪 80 年代中期,日本登上了 DRAM 世界市场占有率第一的宝座,为此,日本用了将近 10 年的时间。

自 1971 年英特尔发明 1KB 的 DRAM,DRAM 便登上了历史舞台。在 20 世纪 70 年代,发明 DRAM 的美国的市场份额位居世界榜首。日本的日立、东芝、NEC、富士通、三菱等大型家电制造商共同将目光转向 DRAM,扩大了日本的 DRAM 市场占有率,并于 20 世纪 80 年代中期超过美国,获得了世界 80% 的市场占有率。

当时 DRAM 多用于大型电脑和电话交换机等设备。

当时大型电脑制造商以及日本电报电话公共公司（现为NTT㊀）要求"制造不会出故障的DRAM"。其技术标准是，大型电脑要有25年质量保证，电话总机要有23年质量保证。可以说这种无理的要求简直让人无计可施。

但令人生畏的是，日本半导体制造商居然真的制造出了这种对可靠性要求极严格的高品质DRAM。因此，日本获得了绝大多数的市场份额。

此时，在技术上追求极限性能，生产高品质DRAM这一技术文化开始扎根于日本半导体企业的方方面面。而这种技术文化正是日本半导体竞争力的源泉。因为用户要求生产高品质DRAM，所以从商业角度看这种技术文化符合常理，也是必不可少的。

最终，日本半导体技术人员追求组件技术的极限性能、追求高品质DRAM的这种技术文化在日本成为企业常识，扎根于人们心中。

此外，伴随着这种高品质DRAM的成功，日本半导体制造商开始相信"自己的技术实力世界第一"的神话。当然，我也曾生活在这个神话世界里。

㊀ Nippon Telegraph & Telephone，日本电报电话公司，成立于1976年，是日本最大的电信服务提供商，日本电信电话株式会社的全资子公司。

电脑界的更新换代

然而进入20世纪90年代，电脑业界迎来更新换代。PC取代当时的大型电脑占据了主要市场。电脑界的更新换代也导致了DRAM需求的变化。DRAM的主要消费商也从大型电脑转向了PC。

伴随着这种更新换代，日本DRAM的市场份额不断萎缩。而韩国则取而代之，特别是三星电子获得了飞跃发展，并最终在1992年超过日本，成为世界霸主。此外，美国凭借镁光科技有限公司这家DRAM制造商，也于2000年在市场份额上赶超了日本。

为什么拥有世界一流技术的日本半导体制造商会被三星电子超越呢？

究其原因，主要在于大型电脑和PC所需要的DRAM规格是完全不同的。

PC用的DRAM所要求的就是低成本和数量（规模），而不需要25年质保这样的高品质。可以说低成本就是PC用DRAM竞争力的源泉。

基于此，韩国三星电子和美国镁光科技通过大量生产（不需要25年质保的）廉价的DRAM，在市场占有率上超过了日本。

陷入"创新窘境"的日本

难道日本半导体行业对电脑业界的更新换代充耳不闻吗？难道日本不知道韩国三星电子凭PC用DRAM扩大了市场占有率吗？

我当时在日立的批量生产工厂从事DRAM制造的相关工作，了解当时的情况：不仅是日立，日本各大制造商都对这两个问题非常清楚。

然而，尽管对此事了然于胸，但日本依然坚持生产25年质保的高品质DRAM。其原因在于，对于日本半导体来说，主要客户依然是大型电脑制造商。

因此，日本半导体制造商将用于大型电脑的25年质保的高品质DRAM直接当PC用DRAM销售。而这种DRAM对于PC来说，质量明显过剩。结果，大量生产低成本的PC用DRAM的韩国在市场占有率上超过日本，而日本失去竞争力，最终不得不退出DRAM市场。

事实上，日本退出DRAM市场之前，64MB的DRAM掩膜数是韩国、中国台湾地区的1.5倍，是美国镁光科技的约2倍。所谓掩膜数，如第2章所述，就是制造DRAM时的精密加工的次数。

掩膜数越多，那么工序也会相应增多。工序数量越多，那么就需要更加昂贵的半导体制造设备。结果，日本半导体成了质量高却很难盈利的高成本制造产业。

在美国硅谷等的 IT 企业间流传着一本被奉为圣经的经营宝典。这本书就是在"前言"中介绍的哈佛商学院的克莱顿·克里斯坦森教授所著的《创新者的窘境》(*The Innovator's Dilemma*)。

克里斯坦森教授在书中提出了"颠覆性创新"这一概念。所谓颠覆性创新是指功能虽不如当前市场上的产品却由于拥有"便宜、小巧、方便"等特征而迅速普及的新产品淘汰原有产品的现象。

借用克里斯坦森教授的话来说，就是"日本半导体制造商是被那些大量生产廉价的（无须 25 年高质量保证的）PC 用 DRAM 的韩国三星电子公司和美国镁光科技公司的高超的'颠覆性技术'所淘汰的"。

换言之，日本半导体制造商整体特征是：在高品质制造技术方面出类拔萃，但是在低成本制造技术方面却处于劣势。

此外，可以说日本半导体错误估计了 PC 用 DRAM 所需的技术。由于一直沉迷于以往确立的"技术水平世界第一"的神话，日本并未能适应更新换代这一潮流。

处于劣势的低成本制造技术

半导体制造技术有 3 个阶段,这在第 2 章已做说明。各半导体制造商皆是如此。放眼整个日本企业,它们在高品质制造技术方面处于优势,而在低成本制造技术方面处于劣势(见图 3-1)。

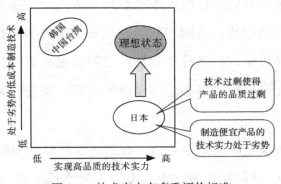

图 3-1　技术实力有多重评价标准

这种情况并不局限于半导体产业,日本的电器产业、制造业都是如此。日本电器产业特别是电视产业,从索尼的特丽珑⊖到夏普的液晶电视,在高画质和高品质技术上均领先世界水平。

⊖ Trinitron,特丽珑,索尼为电视机和显示器的阴极射线管注册的商标,又称单枪三束管,是水平方面凸起而垂直方面笔直的柱面显像管,其画面比起同时代的普通显示器颜色更加鲜艳锐利。——译者注

然而电视机也从显像管换代为液晶等超薄数字电视。超薄电视只要购入液晶面板等模块化的零件，便很容易制造。结果，超薄电视的附加价值便从画质（任何一种区别都不大）转移到了成本。日本电器制造商一直吹毛求疵，过度追求（消费者感觉无所谓的）画质，从而在成本竞争上败下阵来（在第6章详细叙述）。

半导体制造商在低成本制造技术方面处于劣势，这也是所有日本制造商共同的问题。但是关于技术和技术实力的思想和哲学，在半导体制造商之间也是仁者见仁，智者见智。这也是导致尔必达和瑞萨科技等合资公司衰败的原因之一。

我从日立借调至尔必达，看到制造同样的DRAM，日立和NEC却有着天壤之别，着实大为吃惊。想必NEC的技术人员也会一样吃惊吧。

在论述两者技术实力之前，我首先要说明一下尔必达成立时，人们到底对它有何种期待，尔必达是一个什么样的组织机构，为何设立仅2年，市场占有率就降到了原来的1/4。

尔必达的成立与经营破产

1999年12月，日立和NEC合资成立专门生产DRAM的公司尔必达公司。当时媒体报道称"拥有强大新技术研发能力的日立"与"拥有强大生产技术能力的NEC"合二为一，由此将诞生世界上最强大的DRAM制造商，媒体激起了人们对日本半导体产业复兴的期待。

换言之，人们期待着通过这两者的协同效应产生并实现1+1=3的效果。

而支持这项合资的经济产业省该是同样抱有这种期待吧。然而，连1+1=2都未达到，最终成了1+1=0.5。

从日立和NEC调职出来的800名员工聚集到了位于NEC相模原市的工艺流程研发中心。所有的部门都由日立和NEC的职员共同构成。

部门不同，其职员构成也稍有差异，但基本是各占一半。另外，从课长、部长、总部长，到社长，所有职位都是双重职位。当时，双方是一种交错的人事关系，如果正课长来自日立，副课长来自NEC的话，那么部长职位中正部长就来自NEC，副部长就来自日立。这样一来，指挥、命令系统极其混乱，组织体系难以发挥作用。

此外，公司将DRAM设计、研发、批量生产的蓝图绘制如下。

首先，设于NEC桥本的尔必达设计中心负责设计DRAM。然后由设于NEC相模原市的尔必达研发中心进行前期的DRAM试制，并完成工艺流程的制定。然后将此工艺流程移交给批量生产工厂。进行批量生产的工厂分别为8英寸的日立新加坡工厂、同为8英寸的NEC广岛工厂以及尔必达新设立的位于广岛的12英寸最先进工厂。

日本半导体产业希望通过此种做法夺回被韩国挤占的市场份额。

然而合资后，日立和NEC总计为17%的DRAM占有率在两年内就降到了4%。2002年11月，在社长易帅之后，虽然出现了V形回升，但最终依然没有追赶上韩国。占有率虽然有所恢复，但公司的利润率却没有提高，并于2009年在《产业再生法》第1号文件的指导下，获注大约300亿日元的公共资金。（相关内容将在第4章详述。）

尔必达最终在2012年2月27日破产，并被美国镁光科技收购。换言之，日本从此便不再有DRAM制造商了（见图3-2）。

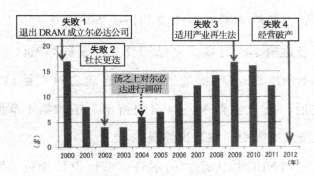

图 3-2　尔必达 DRAM 的市场占有率
资料来源：笔者根据 Gartner 公司和 iSuppli 公司数据制成。

为何会落到如此地步呢？

首先我将阐述尔必达成立的 2 年内，市场占有率锐减的原因。之后，将论述日立和 NEC 技术实力的差异。

2 年内市场占有率锐减的原因

在 NEC 相模原的尔必达研发中心所研制的 256MB DRAM 的工艺流程，只在 8 英寸的 NEC 广岛工厂进行过批量生产。因为只有该工厂使用了通用的精确复制，顺利完成了批量生产的移交工作。

但是 8 英寸的日立新加坡工厂以及新建成的位于广岛的 12 英寸的最先进工厂均未能进行批量生产。其原因究竟何在？

首先,我们来看看新建成的最先进批量生产工厂。当时,尔必达根本没有属于自己的资金,投资都来自母公司日立和NEC。2001年批量生产工厂建成之时正是IT泡沫破灭之后,电子业界遭遇空前的萧条。正如第1章所述,我受此萧条的影响,被迫提前退休。

日立和NEC均无余力向尔必达进行设备投资。结果,最先进的批量生产工厂徒有其表,内部并未购入制造设备,从而成为空壳工厂。正因如此,尔必达才未能生产出原来计划的DRAM。

接下来谈谈日立的新加坡工厂。日立的批量生产工厂中约60%的制造设备都和NEC相模原研发中心的制造设备不同,这样便不能直接移交工艺流程。为了能够用不同的设备获得相同的工艺特性,就必须对基本复制进行返工,从头再来。

基本复制所需要的工序越多,批量生产工厂的负担也就越重。

此时,需要通过基本复制对60%的工序进行重新制作,但是在批量生产工厂是不可能完成如此大规模的基本复制作业的。

因此,在NEC相模原的研发中心制定的DRAM工艺流程，需要在日立的设备开发中心通过基本复制修改为符合日立规格的工艺流程，然后再将此工艺流程移交给日立的批量生产工厂进行生产。但是这样一来，两家公司合并的优势全无。不要说优势了，作业反而变得更加烦琐和低效。

这种烦琐的移交作业由于过于浪费人力、物力、财力，最后不得不中止。甚至部分工艺无法修改成符合日立规格的工艺，即DRAM工艺流程中大约占30%的清洗工序。

清洗液因半导体厂家而异，甚至同一厂家的不同工厂都会有所区别。各工厂花数十年，好比酿造秘制酱料一般，形成了各自独特的清洗液文化。占整体工序30%的清洗工序对于半导体的成品率有着举足轻重的影响。

换言之，半导体制造的清洗液就如同人类的血液一般。虽说成分相似，但是却不能轻易向其他人"输血"。此外，清洗设备必须与清洗液匹配，属于特别订购产品。清洗设备从订货到交货大概需要半年到一年的时间。

清洗液缺乏兼容性这一事实是造成尔必达的DRAM市场占有率下降的原因。这一问题是在尔必达合资企业成立之后才发现的。无论是管理层还是经济产业界恐怕都对此一无所知。也正因如此，瞄准生产尔必达DRAM而腾出生产线翘首等待的日立新加坡工厂也捉襟见肘，陷入了经营低谷。这与中岛飞机和三菱重工生产同一零战却不具备兼容性的情况非常相似。

统一性的 NEC 与一点突破的日立

我作为蚀刻团队的课长赴任尔必达。因此下属中既有日立也有 NEC 的职员。在此之前的大约 13 年间，我一直在日立从事半导体技术研发。也就是说，日立的技术文化已经深入我内心，并认为其是常识。对于这样的我来说，NEC 的技术研发方法简直是不可理喻。

NEC 的技术简而言之就是"统一性文化"，将 8 英寸或者 12 英寸晶圆的统一性放在最优先的位置。而日立的技术简而言之就是"新技术怪胎""一点突破文化"。

譬如 64MB DRAM 批量生产移交结束后，开始研发新的 256MB 的 DRAM 时，NEC 并没有积极引进新结构、新材料等新技术。而是在以往工艺流程的基础上，优先把新的 DRAM 在整个晶圆上进行统一制作。这种优先统一性的做法，在出身于日立的我看来，就是一种病态的洁癖症。

换作是日立研发 256MB DRAM，必会引进新材料、新结构、新工艺、新设备等新技术。引进新技术后，只要能看到一线希望，就会以此为突破口，推进新 DRAM 的试制。而这在那些出身于 NEC 的人看来，估计只会把日立研发人员当成让人摸不着头脑的新技术怪胎吧。

NEC 的观念是，要实现高成品率"首先必须重视统一性"。而日立的观点则是：首先"用新技术带来一点突破"，之后再考虑统一性。

将工作细分化的 NEC 技术文化

两家公司技术文化的不同当然也体现在工作开展方面。DRAM 蚀刻工序在大约 500 道工序中最多只占二十几道。按照材料种类来说，包括绝缘膜、硅、铝等 3 种金属。材料不同设备不同，工艺技术的特征也不同，因此不同材料会安排专门的负责人，这是在日立的常规做法。但是 NEC 对此进行了更加具体的划分。

譬如在工序数量最多的绝缘膜的蚀刻中，元素分离用的凹槽是 A 负责，接触孔是 B 负责，电容器用的气缸（深孔）工序则是 C 负责。而日立没有进行这样的划分。在日立，只要是绝缘膜，都由一人负责。人手不足时，绝缘膜、硅片以及金属类有可能全由一人承担。

事实上，尔必达成立后开始研发256MB DRAM时，日立的设备研发中心也同时在进行1GB DRAM的试制。

我当时要求即刻停止研发，但是领导并没有采纳，最终不得不将2名可有可无的下属留在了日立。日立让这两名下属负责1GB DRAM的绝缘膜、硅片、金属类以及所有的蚀刻技术的研发。而这种做法在NEC文化看来是无法想象的。

总之，NEC对工作进行了细化分工。

举个例子，假设现有一台金属蚀刻设备。细数一下相关的技术人员，有256MB DRAM的铝蚀刻负责人、0.18μm逻辑LSI的铝蚀刻负责人和氮化钛负责人、0.13μm逻辑LSI的金属蚀刻负责人、氮化钛负责人、钨负责人、硬件保修负责人、硬件长期维修负责人，参与项目的NEC技术人员如此之多，成群结队、数不胜数，让人惊讶。如果是在日立，金属工艺负责人1人，硬件维修维护负责人1人，总共只安排2名技术人员。

由于NEC将工作划分得如此细致，需要的技术人员理所当然会增多。总体感觉，NEC技术人员的数量是日立的3～5倍。

NEC 技术人员洁癖症似的工作状态

由于 NEC 对工作做了细化分工，所以每个人所负责的领域非常窄，但这并不意味着每个人的工作量会减少。相反，由于 NEC 将"统一性至上主义"作为自己的金科玉律，再小的领域也会进行得非常彻底，面面俱到。

譬如负责绝缘膜上接触孔的蚀刻负责人为了该工艺的研发，会尽己所能，倾尽全力。具体而言，譬如在绝缘膜蚀刻设备上可摆动的参数，负责人会对其一一进行实验。上部电极功率、下部电极功率及其频率、温度、等离子室的压力、气流速、气体混合比，他们会对这些晶圆内的统一性进行地毯式轰炸的密集调查。

对于日立的技术人员来说，只要有一批晶圆（25 枚）就足够了。而 NEC 技术人员使用的数量则要多 10 倍甚至 20 倍。无论如何苦口婆心地跟他们解释"工艺窗口的中心已经定型了，做那些无用功只是白费力气"，他们依然坚持说："不，我们制作工艺流程图，以此来了解所有的趋势是绝对有必要的。"

以这种方式来工作，那时间永远都是不够用的。因此，NEC 的技术人员都夜不归宿。我上下班时间单程需要一个半小时，夜里 10 点之后可能就赶不上末班车，因此不得不回家，然而 NEC 的所有下属员工仍在工作。

恐怕他们每天到家都是凌晨了吧。但是第二天早晨他们依然按时 8 点半上班。更有甚者，他们周六日依然坚持来公司上班，把加班当家常便饭。

我担任尔必达课长时，一直苦恼于如何才能让 NEC 的下属们好好休息。他们从未申请过加班费，也从未申报过周末加班。按照《劳动基本法》，这些都是无偿加班，一旦被发现，我作为管理者将会被问责。

但是比起这些，其实我最担心的还是他们会不会出现健康问题，所以常常买一些维生素片悄悄分发给员工。

对"技术开发"一词的不同理解

两家公司对技术的理解大相径庭，对专业词汇的理解也常常出现差异。从日立和 NEC 间的《词汇对译集》就可窥得一二。在此介绍一个与技术直接相关的故事。

某场会议中提到了"技术研发"一词。然而日立方和 NEC 方人员的讨论方向却南辕北辙，继而演变成激烈的争论，最终大家才发现根本原因在于二者对于"技术研发"

一词的不同理解。

在日立，提到"技术研发"就是指探讨新材料或者新结构，研制新设备。虽然新工艺流程研发层次略低，也暂且将其纳入范畴。

但是在 NEC 则不同。在净室开始试制时，如果蚀刻技术人员自己负责的工序开始试制，他会使用几枚（更可能是几十枚）晶圆进行试验，以确定最佳条件使其适用于试制。半导体技术人员所说的这种"环境条件"，在 NEC 被称为"技术研发"。

日立的技术人员把这种工作只当是"作业"，而 NEC 的技术人员则认为"这才是真正的技术研发"。

这并不是关系好与坏的问题，而是体现了二者对于技术理解的巨大差异。

日立的"万岁"，NEC 的"失望"

不仅对组件技术，NEC 对集成技术也进行了细化分工。将 DRAM 的制造工序分为 5 个步骤，分配不同技术人员负责，另派一名课长进行统筹。尔必达的这种模式是从 256MB DRAM 研发时开始的，当时共有 6 名集成技术人员负责。

如果按照日立的做法，集成技术的实务负责人1人，统筹课长1人，共计2人。

但是，NEC的做法是由一个集成技术人员针对DRAM 5个步骤中的一个全权负责。如果精密化引发结构发生变化的话，就会制订出可能用到的A方案、B方案、C方案，并分别针对不同方案制订试验计划，投入到试制批次中。再将成膜、光刻、蚀刻等组件的技术团队聚集到一起说明试验计划，并给各组分配任务。将工作分成5份后，每个人都将自己的工作做到极致。这样的工作方式使工艺流程慢慢增多。

最终将被分为5部分的工序统合起来，进行统一试制。尔必达于2000年6月投入的第一个统一试制批次于8月末完成。换言之，用时2个月在晶圆上植入了约500个256MB DRAM。通过探测器检查，结果发现约10个DRAM可运行。

看到这个结果，日立的技术人员高喊了三次"万岁"。我也是其中一员。为何要高喊三次"万岁"呢？因为在日立从未有人见过以最初制作的工艺流程为基础，在首批次的试制中就成功运行的DRAM。

但是NEC的技术人员对此却耸了耸肩表示失望。因为

500个DRAM只有10个成功运行,成品率仅为2%。对他们来说,DRAM从一开始就能运行是理所当然的:"至少应该有10%的成品率吧,否则工作根本没法做下去。"

日立和NEC,技术实力孰优孰劣

尔必达256MB DRAM的试制品中,并没有使用日立正在研发的由钨和多晶硅层压膜(称为多金属)构成的新晶体管的栅极结构。日立虽然对此大为不满,但又担心如果当初采用了新的栅极结构,第一批试制品中可能就没有能够运行的DRAM了。

在研发新技术方面,我相信日立拥有高超的技术实力。后来NEC也承认了这一点。但是制作DRAM时,在晶圆的高成品率方面,还是NEC的技术实力更胜一筹。NEC人员认为第一批试制品中出现完全运行的DRAM是理所当然的,这一点便是最好的证明。此外,据说NEC曾在批量生产工厂内多次实现100%的成品率。然而遗憾的是,在日立不用说100%了,我连90%的成品率也未曾目睹过。

实现高成品率的技术水平,究其根源在于近乎病态的统一性至上主义。那么拥有实现高成品率的技术水平的 NEC，为何却不得不和日立成立合资公司呢？

此外，2002 年 11 月就任尔必达社长的阪本幸雄面对针锋相对的日立和 NEC，命令道："这里是 NEC，要按照 NEC 的规矩办事！"设计、研发中心、最先进的批量生产工厂都在 NEC 的地盘里，因此这个命令是非常有效的。而对此举反感的日立技术人员则选择离开了尔必达。

结果，其后的尔必达"基本"成了 NEC 的大本营。而尔必达为何在 2009 年获批适用《产业再生法》，又为何于 2012 年面临破产呢？NEC 高成品率的技术到底是哪里出了问题呢？

接下来，我将比较尔必达和三菱的技术水平，找出尔必达（即 NEC）的问题。

尔必达与三菱技术实力的差异

我离开日立后，辗转反复，最终成为同志社大学的教师，开始站在技术人员的角度研究半导体产业的社会学，并将尔必达作为最初的研究对象。因为自 2002 年 11 月坂本幸雄担任社长后，尔必达的 DRAM 市场占有率出现了 V

形回升。

通过2004年1月的第一次调查我得知，坂本社长基本解决了所有经营上的问题。坂本社长从世界各地汇集了1700亿日元的资金，为原本徒有其表的最先进工厂购置了制造设备，使得尔必达的DRAM生产走上正轨。

但是由于技术人员过于关注生产而无暇顾及技术研发，因此与社长更替前相比较，你会发现公司的"技术实力并没有提高"。我将此问题报告给坂本社长后，他请我"在全体员工面前做一次演讲"。我受此委托，于2004年3月分别在尔必达的相模原和广岛工厂做了两次演讲。演讲会上，我讲话结束后，社长登上讲台宣称："有专家说我们技术研发没有做到位，技术实力没有提高。所以，从今天起，我们要设立新技术研发总部。"

由此可知，如果技术人员不从事技术研发就不能切身感受到技术实力的提升。反过来说，技术研发，可以提高技术人员的技术实力。换言之，技术实力这种能力可以通过适当的方法来提高。这是通过调查得到的第一个发现。

在第一次调查中，当我提出"请列举你认为的身边最优秀的人"这一问题时，大部分尔必达员工都列举了某位来自三菱的集成技术人员的名字。包括这位技术人员在内，尔必达共调来了十多名三菱员工，而对他们的评价也是最好的。

我认为，三菱的技术人员在尔必达肯定采取了一些有效的措施。因此我希望通过采访三菱出身的技术人员，了解他们在逐渐走上正轨的尔必达内到底发挥了怎样的作用，并且让他们比较了尔必达、进行生产委托的晶圆代工厂（不进行设计，专门生产制造半导体的制造厂商）、三菱这三家的三种DRAM以及三者的技术实力，由此弄清尔必达DRAM的长处和短处。

2004年5月，在尔必达进行第二次调查时，我对三菱的6名职员进行了采访。结果发现，三菱拥有NEC和日立都不具有的独特的技术实力。

其技术在当时与尔必达完全吻合，顺利地解决了很多问题，因此尔必达对三菱员工的评价也非常高。

身兼多职的三菱职员

我采访的6位三菱职员都是专攻DRAM的，并且都兼具技术研发和展开批量生产这两方面的经验。据说这是因为三菱内部人手不足，别无他法，很多技术人员只得又进行研发，又进行批量生产。此外，6人在三菱就职时，都曾从事过中国台湾晶圆代工厂的委托生产。

借调到尔必达的日立以及NEC职员都是技术研发出身，均无批量生产经验，也都没有晶圆代工厂生产委托的经验，从这两点看，三菱的技术人员的经验可谓是与众不同。

如上文所述，NEC采取了细化分工，因此技术人员是日立的3倍之多。但三菱则截然相反，其技术人员可以说是只身从事多种技术的全能工人，一个人既可以做研发亦可做批量生产。因此三菱技术人员的人数只有日立的1/3左右。换言之，NEC的技术人员是三菱的10倍左右。

三菱的技术人员没有一个是自愿来到尔必达的。只是，他们所有人都曾从事过DRAM的研发、批量生产以及晶圆代工厂的委托生产，因此他们都欣然接受了调动。换言之，他们都怀着一种"只要继续像往常一样做就可以"的心情。

而日立和NEC的大部分职员都是怀着消极心态来到尔必达的，比如"为什么是我？""这下子真是一去不复返了！""我这辈子完蛋了。"

我向三菱职员问到"为何日本半导体产业会衰落呢"，所有人的回答都如出一辙，认为是成本竞争力下降造成的。

另外，还有很多技术人员回答说，是因为能进行廉价制造的生产技术水平低下以及利润率太低。

面对同样的问题，日立和 NEC 的职员给出的答案却是"我们在经营、战略、成本上输给了对方，但是在技术上没有输"。与三菱的所有人都很明确地认识到"我们在廉价生产技术方面存在问题"相比，这种差异格外显眼。

三菱、尔必达、晶圆代工厂的 DRAM 比较

我请三菱职员对三菱、尔必达、进行生产委托的晶圆代工厂三家企业的 DRAM 结构和 3 个阶段的技术实力做了比较，其结论如下。

尔必达和三菱的 DRAM 在结构上基本无差异。

在组件技术特别是精密加工技术方面，尔必达非常优秀。如果排序的话，为尔必达 > 三菱 > 晶圆代工厂。

在制定流程的集成技术方面，三菱比尔必达要有优势。三菱的技术人员会全面负责监督工艺流程的制定，而尔必达是分工合作的。三菱人数少效率高，而尔必达因为采取分工合作导致一味追求局部最优，掩膜数量和工序数量就会增多。结果，尔必达的 DRAM 可能性能更高、品质更

高，但工艺流程却冗长复杂。

在批量生产技术方面的排序是晶圆代工厂＞三菱＞尔必达。尔必达的工序复杂烦琐，因此成品率提高速度较慢。另外，由于每一台设备吞吐量（处理效率）较低，为弥补这一点尔必达需要使用更多设备。

按照三菱的情况来说，同样的生产规模，尔必达的设备数量是三菱的 2 倍以上。而且，尔必达在 DRAM 植入晶圆后的检测工序也非常多。拿 PC 用的 DRAM 举例，尔必达是三菱检测标准的 10 倍以上，只能说这是"检测过度"。

因此，三菱职员告诉我，尔必达过度使用了世界一流的高级技术，对于 PC 用 DRAM 来说，这明显是质量过剩，并且这也成了世界上最昂贵的 DRAM。

三菱的 DRAM 文化和技术实力

从采访的结果我感受到，三菱具有独特的 DRAM 文化。正是因为这种文化才造就了三菱独具特色的技术实力。

20 世纪 80 年代，日本的 DRAM 席卷世界之际，NEC、东芝、日立、富士通及三菱被称为 5 大巨头。在当时的 5

大巨头中，三菱一直是垫底的。三菱既不能像东芝和日立一样，通过最先进的精密加工技术与龙头企业决一胜负（缺乏自信），而且也不能像 NEC 一样通过规模和资金与其他企业一较高低。但是三菱必须在 DRAM 上获利。因此，三菱将希望转移到了组织能力和团队合作方面，而非最先进的技术。另外，三菱还将重点放在了成本竞争上，而非资金规模竞争。这样就形成了以集成技术人员为轴心，综合统筹设计人员、组件技术人员、批量生产技术人员的独特文化。

换言之，三菱的技术人员尤其是集成技术人员具备通过对话来协调组织间关系、利用低成本高效研发 DRAM、进行批量生产的技术能力。

为何三菱职员能够受到好评

2004 年的尔必达内部（虽然没有此前突出）充斥着 NEC vs 日立、集成技术 vs 组件技术、开发部门 vs 批量生产部门等组织部门之间的摩擦。在这种情况下，公司不仅要新建 12 英寸的最先进工厂进行批量生产，而且还打算接受中国台湾晶圆代工厂的生产委托。

此时，擅长沟通协调、具有研发、批量生产及晶圆代工厂生产委托经验的三菱职员借调到了这里。也就是说，拥有尔必达技术人员所不具备的能力和经验的三菱职员在最佳时期来到了尔必达。

不难想象，三菱职员发挥其擅长的沟通协调能力，成功化解了很多矛盾，自然在 DRAM 研发过程中发挥了核心作用。更重要的是，他们充分利用自己的经验，成了推进12英寸最先进工厂以及晶圆代工厂批量生产这两项工作上的主力军。这就是三菱职员受到好评的原因。

像上次一样，我向坂本社长直接汇报了调查结果，但是他对此似乎并无兴趣。我甚至还遭到负责宣传的常务理事的白眼："那家伙是干吗的？到底有什么目的？"而后，调查研究被迫终止，最后我便被尔必达扫地出门。

尔必达的市场占有率顺利地增长。我认为原因有两点：一是坂本社长的经营策略，二是三菱职员通过沟通协调解决了制造现场的摩擦和问题。

尔必达应有的姿态

通过以上内容我们可知，日立的新技术研发能力很高，善于去突破、攻克某一点，但是提高成品率方面的技术能力较低。

而 NEC 则是过度重视统一性，对技术进行细化分工。虽然它在实现高成品率方面的技术实力较高，但是由于产品的工艺流程繁杂，导致其在低成本制造方面的技术能力薄弱。

三菱虽然在最先进技术研发方面技不如人，但是擅长以少量人力进行高效率集成，与上述两者相比，其用低成本制造 DRAM 的技术能力更胜一筹。

那么如何将这三家企业组合才能形成最强梦幻阵容呢？我绘制了一幅"理想蓝图"。

这个"理想蓝图"就是：日立进行新技术的研究开发，三菱在研发中心负责集成技术，NEC 专注于批量生产工厂的生产技术。若能实现这样的合作，尔必达完全有可能成为世界上最强大的 DRAM 制造商。

然而现实总是残酷的，我对此也只能表示遗憾。

第 4 章

尔必达和三星电子的差异

尔必达为何破产

尔必达的理想和现实之间的鸿沟究竟是怎样产生的？主要原因在于很多日立员工对公司不能成功研发新技术感到不满，于是纷纷离开尔必达。其造成的结果就是，尔必达几乎成了NEC员工的大本营，再加上几个为数不多的三菱员工。

NEC员工占大多数的人员构成方式容易形成"繁杂"的工艺流程，因而导致尔必达在低成本生产技术能力方面非常薄弱。如此一来，尔必达和合并前相比没有任何长进。

如第3章图3-2所示，在尔必达新一任社长上任后，其市场份额稳步增长。然而，尽管市场份额有所扩大，但利润率完全没有上涨，这使得尔必达在雷曼危机爆发的 2008 年出现巨大亏损，2009 年更是获批适用《产业再生法》第 1 号，获得了 300 亿日元公共资金。随后，在 2012 年 2 月 27 日，尔必达最终宣告经营破产。

尔必达的社长坂本幸雄在记者见面会上，将破产的原因归结为"DRAM 价格的下跌、史无前例的日元升值、东日本大地震、泰国洪灾"。此外，我还清楚地听到，坂本社长在见面会中提到："尔必达的技术水平很高。"

对坂本社长在记者会上的这番发言，可以做如下诠释。首先，社长总结的关于破产的四个理由全部都是外因。换句话说，社长认为外部环境的恶化才使得尔必达破产，而公司本身没有任何问题。为了支撑这个观点，社长还特别加上"技术水平很高"这样的字眼。

我认为作为一名企业经营者，坂本社长的发言是不恰当的。

外部环境的严峻固然是毋庸置疑，但破产的直接原因在于技术方面。而尔必达的问题恰好在于缺乏用低成本制造 DRAM 的技术。也就是说，作为企业经营者，坂本社长应为其没能将低成本制造 DRAM 的技术水平提高而负责。

30年丝毫未变的DRAM制造技术

图4-1描述了尔必达营业利润的变化。从图中可以看出，尔必达基本上没能实现盈利。仅2006年度能真正称得上有所盈利。由此可见，尔必达缺乏用低成本制造DRAM的技术，这一点是一目了然的。在此，我们再详细分析一下尔必达的经营状况。

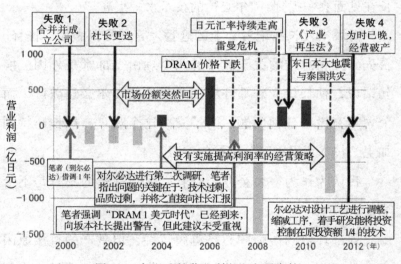

图4-1　尔必达的营业利润和主要事件

2002年11月，坂本幸雄出任尔必达的社长，2004年我对尔必达进行了两次调研。在调研中我指出，技术过剩带来品质过剩,因此尔必达制造的是世界上最昂贵的DRAM。然而这个问题并没有被管理层采纳,从此我也被尔必达拒之门外。

2007 年,DRAM 售价跌破 1 美元。这是因为超低价格的 PC 和上网本开始普及。我曾以"迎来 DRAM 1 美元时代"为题进行演讲,并投稿于半导体产业杂志《电子期刊》(*Electronic Journal*),甚至让该杂志的记者拿着这篇文章去采访(更准确地说是警告)坂本社长。

然而,据说坂本社长当时的反应是:"什么? DRAM 1 美元时代? 简直是天方夜谭。"这意味着坂本社长认为 DRAM 单价跌至 1 美元只是暂时的现象。这成了尔必达致命的经营失误。2008 年雷曼危机爆发,面对巨额的财务赤字,尔必达于 2009 年获批适用《产业再生法》,并开始走向与中国台湾地区的企业联手的道路。此后,日元急剧升值,DRAM 的价格跌至 0.5 美元,再加上 2011 年的东日本大地震和泰国洪灾,尔必达再次陷入巨额赤字的危机,负债总额达 4480 亿日元,最终在 2012 年迎来经营破产。

通过梳理尔必达走向经营破产的过程,可以看出这一结果是意料之中的。因为尔必达并未采取降低 DRAM 生产成本、提高利润率的经营策略。也就是说,尔必达疏于发展低成本生产技术，最终走向了破产。

尔必达的案例再次印证了一点：日本在赢得世界80% DRAM市场占有率的20世纪80年代所形成的追求高性能、高品质的技术文化历经30多年，却从未改变。

功夫不负有心人，只是为时已晚

2011年7月11日的《日经新闻》电子版中刊载了以下报道。

"尔必达于5月研制出世界首个25nm DRAM，这意味着尔必达在精密化技术的研发竞争中终于走向世界前列。与此同时，尔必达重新调整了DRAM电路设计，确立了缩减工序进行生产的技术方法。由此，从目前的产品转移到最新一代产品，其批量生产所需的设备投资也能被控制在以往的1/3到1/4左右。与韩国、中国台湾地区及美国的竞争对手相比，尔必达捷足先登，成功建立起了生产最顶尖产品的体制。"

我读了这篇报道后有两点感想。首先是"终于要下狠心研发低成本生产技术了。功夫不负有心人啊。"但与此同时又对"以往的1/3到1/4"这个数据感到无比惊讶：原来尔必达以前都砸出3倍、4倍的资金用于设备投资,真是挥金如土。

DRAM价格的下跌、史无前例的日元升值、东日本大地震、泰国洪灾,当问题接连不断蜂拥而至时,尔必达终于着手研发低成本的DRAM生产技术,看起来终于快要成功了,可惜时不我待。大约半年后,尔必达迎来了经营破产。如果早点采取相应措施,就不至于像现在这样追悔莫及了。

三星电子技术力量的特征

在当今的电子企业里,三星电子的发展可以说是最让人震撼的。回望三星过去的20年,其销售额的增长达到17倍以上,营业利润的增长也超过了11倍。

2012年,三星的销售额比上一年增长了22%,达201.5万亿韩元(约17.5万亿日元),营业利润与上一年相比增加86%,达到29.1万亿韩元(约2.5万亿日元),两项数据都刷新了历史最高纪录。

三星的营业利润额可以和丰田汽车在2008年3月创下的最高营业利润相匹敌,那一年丰田的营业利润达到2.27万亿日元。在2012年的世界企业上市股票市价总值排行榜中，三星电子超过排名第26位的丰田，位列第20，在企业品牌排行中三星电子同样领先第10名的丰田，位列第9。

此外，三星电子不仅在DRAM和NAND闪存的市场占有率方面名列前茅，在智能手机和液晶电视的市场占有率上也是独占鳌头。

那么三星电子所拥有的技术力量究竟有怎样的特征呢？

在下面的章节，我们将比较日本半导体企业和三星的技术力量。

研发与批量生产并无明显分界线的组织体系

为了能高效地研制、生产半导体，三星电子在组织体系上费尽心思。

首先，假设以A小组为中心，批量生产电路线宽为100nm的DRAM。与此同时，B～E这4个小组分别使用研发生产线与准批量生产线这两套设备，同时进行电路线宽80～95nm的新一代DRAM的研发与试制。

此时，每个小组的人员配置为30人，且以集成技术人员为主。这与日立的2人、NEC的6人相比，可谓是人数悬殊。

而在 B～E 小组之间更是进行着决定小组命运的激烈的研发竞争。因为从研发到批量生产，公司并不一定按照电路线宽的顺序投入生产。在这 4 个小组当中，只有成果更卓越的工艺流程才能进行批量生产。而在研发竞争中败北的小组只能被打入冷宫。

假设研发小组中的 B 小组所试制的 DRAM 工艺流程已经进入到可以批量生产的阶段。接下来，B 小组就会被调到批量生产部队，成为启动 95nm 设备批量生产的主力军。

另外，一直在进行 100nm 设备批量生产的 A 小组就会被调动到研发部队，重新开始 75nm DRAM 的研发。

就这样，在三星电子公司内部，从研发到批量生产，再从批量生产到研发，由各小组不断替换进行。也就是说，在制定 DRAM 生产工艺流程的时候，从一开始就必须要将批量生产的启动纳入考虑范围，制定便于提高成品率的工艺流程。因为每个小组都明白自己的使命，即让自己研发的 DRAM 实现批量生产。一旦建立这样的体系，各小组成员们会常常提醒自己，要注重从工艺流程的开发到批量生产这一过程的整体优化。这样一来，提高成品率的意识和成本意识自然会扎根于组员的心中。

据有关人士透露，与研发部门相比，"技术人员们其实更希望在量产部门工作"。这是因为"只要量产部门不通过，研发部门就要无数次重新调整工艺流程。当然，工艺流程不仅要能提高成品率，而且必须要实现低成本化，否则就不能通过"。另外，"在批量生产阶段，近700人规模的量产部队以通过的工艺流程为基础，为提高成品率齐心协力、认真工作。因为大家有明确的目标，所以完成一件事情很容易"。因此，"从量产部门回到研发部门，心情是比较沉重的"。

在日本，研究所、研发中心和批量生产工厂存在着类似于士农工商的等级制度。和三星不同，批量生产工厂被视为最底层，被人轻视，不受欢迎。此外，组织间壁垒高筑，缺少沟通。研发中心常常会半途而废，因为几周的出差而将已经创建的工艺流程移交给批量生产工厂，并命令道："提高成品率和降低成本的任务就交给你们弄吧。"

三星电子和日本企业，仅仅比较两者组织体系的差异，立刻就能判断出谁能更高效地研发、生产出低成本的DRAM。

设备不变，流程不变

我曾让从日本半导体企业跳槽到三星电子的技术人员

就日本和三星电子的组件技术、集成技术以及批量生产技术进行过对比。

首先，日本在组件技术，特别是研发能力方面更胜一筹。其原因是三星电子在研发新技术方面举步维艰。

其次，在批量生产技术方面，三星电子则遥遥领先。比起成品率，日本制造商更拘泥于高性能、高品质，而三星电子为实现成品率的飞跃想尽千方百计。举例来说，在开发新一代DRAM时，日本（特别是日立公司）"倾向于一味地引进新技术"，而三星电子则不同，如果新技术不能提高成品率，三星就绝不会引进该项技术。因此，三星电子倾尽全力贯彻"设备不变、工艺流程不变、工序不变"的理念。三星电子在延长现有设备的使用寿命以及熟练运用设备方面拥有非常高超的技术，且已经到了炉火纯青的地步。

三星电子以"三个不变"来生产新一代DRAM，这一特点与NEC类似。这当中自然有它的缘由。20世纪90年代，NEC将DRAM的生产委托给三星电子（同样，日立也将业务委托给金星即现在的LG电子）。也就是说，三星电子从NEC学习到了DRAM的研发、生产方法。所以，两者相似是必然的。

不以 100% 的成品率为目标

三星电子的可怕之处在于,它在效仿 NEC 的基础上,还通过"取其精华,去其糟粕"的方法,进一步改良自己的生产经营方法。

NEC(尔必达也同样)技术的问题点在于,虽然有能力实现高成品率,但因为病态般地追求均一,反而使工艺流程变得"繁杂",从而导致成本居高不下。对于这种"高成品率综合征",三星又是如何克服的呢?

从一位由尔必达跳槽到三星电子的董事的话中,我们可以找到三星解决该问题的策略。

2005 年,512M DRAM 为当时最尖端的存储器。而尔必达该款 DRAM 的成品率是 98%,三星为 83%。基于这个数据,分析家们纷纷评论说尔必达的技术水平更胜一筹。然而,这位董事却表示:"这样的评价毫无意义。"理由如下:

第一,三星电子生产的 512M DRAM 的芯片面积是 $70mm^2$,而尔必达为 $91mm^2$。因此,成品率为 83% 的三星能从 30cm 的晶圆中切割出约 830 枚芯片,而成品率高达 98% 的尔必达只能切割出 700 枚左右。成品率处于劣势的三星却能切割出更多的 DRAM。

第二，成品率从 60% 提高到 80% 相对比较容易，但要把成品率从 80% 提高到 95%，就要付出和前者不可同日而语的巨大努力。也就是说，这需要花费庞大的人力、财力、时间等资源。在三星电子看来，80% 以上的成品率完全可以确保其在市场中站得住脚，所以完全没有必要再去追求更高的成品率，三星也不会去这么做。

第三，针对批量生产的 DRAM 迷你版，三星采取的是四代产品同时研发的策略。这样一来，用不了多长时间就能研发出芯片面积更小的 DRAM。因此三星并不在目前批量生产的产品的成品率提高上花费过多成本，而是优先启动芯片面积更小的 DRAM 的批量生产。

第四，三星电子选定的制造设备的吞吐量（晶圆的处理效率）是尔必达的 2 倍左右。也就是说，每片晶圆形成印刷电路的时间是尔必达的一半。反之，处理相同数量的晶圆，尔必达需要的制造设备数量是三星的 2 倍。到最后，尔必达制造芯片所花费的成本大约是三星的 2 倍。

DRAM 芯片生产成本中，超过一半的成本都来自制造设备。就算尔必达切割出的芯片数量比三星电子多，在利润率方面尔必达也根本无法与三星相提并论。（实际上，三星 2005 年的营业利润率为 30% 左右，尔必达为 3% 左右，两者相差了一个数量级。）

从上面的分析中我们可以看出，成品率并不是越高越好。从本质上来说，真正重要的是降低每个DRAM的成本，增加利润。说得极端些，即使1枚晶圆只能制造出1个DRAM芯片，只要有利可图，只要能做成买卖，根本没有必要再耗费成本增加切割出的芯片数量。

即使利用世界顶尖的精密加工技术实现了100%的成品率，只要单个DRAM的成本增加，这种努力也毫无意义。甚至可以说，在"DRAM 1美元时代"到来之际，这种努力反而是无益的。

230人规模的市场调研专员

三星电子的特征可以总结为以下几点：研发与量产的一体化，四代产品同时研发，熟练运用现有设备的高水平技术，注重提高成品率的同时能找准目标，不拘泥于没有意义的高成品率。简而言之，可以说三星一直在提升自己的技术水平，致力于在短时间内用低成本来制造DRAM。

此外，三星电子拥有充分发挥上述技术力量的强大武器。其中之一就是丰富的市场调研能力。从三星电子的组织机构图上可以看出，战略市场部门有员工800人，其中市场调研专员竟有230人。

这些市场调研专员并不仅仅只进行市场统计。以负责中国市场的专员为例，他们首先要在中国居住一两年，学说汉语，和中国人吃一样的食物，了解中国人有怎样的偏好。在此基础之上，再确定中国人需要什么样的DRAM，会用多久，需要几个。

令人惊讶的是，2006年，三星电子的产品说得极端点仅有DRAM和NAND闪存这两类，然而其市场调研专员竟多达230人。与竞争对手相比多了两位数。

惊人的不仅是数量。三星电子将最优秀的人才提拔为市场调研专员。因为三星电子认为公司的未来担负在这些市场调研人员的肩上。三星将这些人才派往全球各个国家和地区，要求他们从世界的发展动态中预测和开辟各个国家和地区的市场。

这种能力其实是一个人所拥有的直觉判断力，通过教育是无法培养出来的。因此，三星在全球范围内物色拥有这种直觉的人才，并给出优越的待遇吸引他们聚集到三星麾下。实际上，三星电子的专务董事和常务董事都背负着每年至少找到1名市场调研专员的职责。而且我听说物色人才所花费的钱（含挖来人才的年薪在内）是不设限的。

这些兼顾质与量的市场调研专员准确把握了20世纪90年代电脑行业发生的变化，成功预见了个人电脑取代大型计算机成为市场主流这一趋势。此外，三星通过大量生产廉价的PC用DRAM，摘下了DRAM市场占有率第一的桂冠。

之后，三星抢先模仿苹果公司发售的智能手机iPhone，并推出了三星品牌的智能手机Galaxy。2012年，Galaxy手机的全球出货量超过iPhone拔得头筹。可以说，这也得益于兼顾质与量的三星市场调研专员们的努力。（然而，三星模仿遭到苹果公司起诉，三星电子在全球各地都面临败诉。）

当机立断、出类拔萃的专务董事们

分布在世界各地的市场调研专员们在最大程度上捕捉当地第一手的市场信息。而部署在各部门、能力出类拔萃的专务董事们则以这些信息为基础，当机立断地下达经营决策。

三星集团吸引了韩国全国的精英们纷至沓来，经过三层选拔，最后招收2万名新职员。这些新人在入职后也不能有丝毫松懈。同年入职的员工之间将会打响一场激烈的晋升战役。如果到40岁还没有晋升为部长，就无法继续留在三星。也就是说会被炒鱿鱼。所以他们每天都要保持昂扬的学习劲头。而在日本企业里，很多管理人员一旦成为课长、部长，就渐渐远离生产车间，从而不了解最先进的技术，最终变成办公室里的隐士。也就是说，在日本企业里，地位爬得越高，往往越无能，这种情况很普遍。

上述这一点也是劳伦斯·彼得的著作《彼得原理》（钻石社，1970年）中非常著名的一个主张。

在一个信仰能力主义的等级社会中，换句话说，在公司的组织体系中，为了出人头地，每个职员都会将自己的能力发挥到极致。于是有能力的普通职员最终也会变成没有能力的中级主管。这样一来就会出现这样的情况："每个岗位最终都被无法充分履行职责的无能者占据""工作则由那些还未爬上这些无能职位的人进行着"。

优秀的技术人员最终晋升为管理人员，并渐渐疏远技术现场，开始对技术感到陌生，在这种日本式组织体系中，这个彼得原理被体现得淋漓尽致。

而三星电子却与此截然相反。只有在激烈的竞争中脱颖而出的职员才能成为部长、成为专务董事。职位越高，对生产现场的情况及最前沿的技术越了解。这些能力卓越的专务董事以从世界各地搜集来的信息为依据，果断做出决策。

可以说，信息收集能力和当机立断的决策能力是让三星电子的技术力量变得无比强大的两件法宝。

NEC 再次陷入困境

那么向三星电子传授了 DRAM 技术的 NEC 在此之后又有何进展呢？

如上所述，"基本沦为 NEC 员工大本营"的尔必达最终迎来了破产。而三星电子不仅仅在从 NEC 手中接替过来的 DRAM 产业拔得头筹，在 NAND 闪存、液晶电视及智能手机领域更是获得了世界第一的市场占有率，发展成为一个让世界震撼的综合性电器制造企业。

与此相比，将 DRAM 作为不能营利的业务从公司主业务中砍下，抛给其他公司的 NEC 母公司，现在就好似剥了皮的洋葱一样，公司规模正在逐渐缩水。

2012 年尔必达宣布经营破产，此后接踵而来的是官方机构和民间企业联合收购瑞萨、松下及夏普的巨额亏损、新社长上任、大规模裁员等报道。与 NEC 相关的新闻报道在这些爆炸性新闻中显得很不起眼，然而在 2013 年夏季以后，有关 NEC 的报道开始受到关注。

这些似乎都是NEC陷入困境的体现。

接下来我将列举2013年有关NEC的两则新闻报道，并以此为基础，分析研究NEC这个曾创造出多个称霸日本和世界的产品、足以代表日本综合性电器制造商的公司究竟遭遇了什么。

专栏 4-1

NEC退出智能手机市场"DoCoMo手机家族"告终

《日本经济新闻》，2013年7月18日

2001年，NEC在日本国内手机（之后称传统手机）市场获得27.7%的占有率，名列榜首（见图4-2）。然而尽管2010年，NEC与卡西欧、日立手机业务合营（后来日立退出），2012年NEC的市场份额仍不可避免地下跌至5.3%。

NEC曾和中国联想集团合营PC业务，之后又瞄准和联想携手重整手机事业，然而谈判触礁，最后无果而终。此时，日本移动网络运营商NTT DoCoMo[⊖]制定了集中推广

[⊖] NTT DoCoMo为Do Communications Over Mobile Network的缩写。它是日本领先的移动通信运营商，其服务已经从语音电话发展为数据通信，而且与常规的实体服务相连接。

索尼和韩国三星电子两家公司智能机的"双箭头战略"。据《日本经济新闻》报道，没能参与"双箭头战略"的NEC、富士通及松下等日本本国制造商的外联部负责人曾脸色阴沉地闯入和NTT DoCoMo近在咫尺的经济产业省的商务情报政策局。

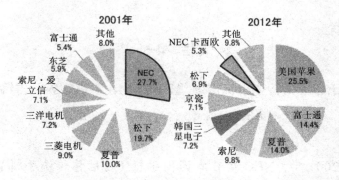

图4-2 日本国内手机出货量（含智能手机）占总体的比例
资料来源：日经新闻2013年7月18日MM总研的调查。

然而，这并没能改变DoCoMo的决定，从NTT时代开始一直推行的"DoCoMo手机家族"终于告别市场。截至2013年6月，在智能手机销售量中，索尼和三星电子两个机型总计123万台，松下15 000台，而NEC下跌到1万台。

面对这种状况，NEC决定退出智能手机市场，留下的手机业务仅剩传统手机。

旧 NEC 电子工厂的将来

就像创立尔必达砍下 DRAM 芯片业务一样，2002 年，NEC 又砍下 SOC（系统级芯片）业务，并将其作为 NEC 电子独立出来。NEC 电子从成立到 2003 年上市，仅仅花了一年时间。然而在此之后，NEC 电子跌出世界半导体销售额前十名，销量持续低迷。2010 年，NEC 电子与日立制作所和三菱电器合资成立的瑞萨科技合并，变为瑞萨电子。

那时，由于两个公司的名称较长，容易导致混淆，于是业界根据公司的标志颜色，将旧瑞萨称为"红瑞萨"，将新瑞萨称为"蓝瑞萨"，这种叫法迅速传开。

之后，蓝瑞萨在 2012 年濒临破产，公司曾一度决定由美国的投资公司 KKR⊖收购。然而，在经济产业省信息通信设备课的课长荒井胜喜主导并出谋划策下，日本官民基金"产业革新机构"等官方资本和丰田汽车、日产汽车等民间资本联合起来阻止了 KKR 对蓝瑞萨的收购，并以官民基金"产业革新机构"为中心将其收购。这一点将在第 5

⊖ KKR 集团（Kohlberg Kravis Roberts & Co. L.P.，简称 KKR），中译为科尔伯格 – 克拉维斯，是老牌的杠杆收购天王，全球历史最悠久也是经验最为丰富的私募股权投资机构之一。截至 2013 年 6 月 30 日，KKR 集团管理的总资产达到 835 亿美元，其投资者包括企业养老基金、社会养老基金、金融机构、保险公司和大学捐赠基金等。

章详细叙述。

于是，2012年，蓝瑞萨让7500名员工提前离职。从员工来源来看，这些员工大部分来自NEC。2013年，公司拟追加裁员约3000人。

此外，蓝瑞萨分布在日本全国的19个工厂也都面临收购和关闭。函馆工厂（旧日立）、福井工厂（旧NEC）、熊本工厂（旧三菱）这三家半导体后期工序生产工厂被出售给了J-DEVICES公司。

有谣言说未被出售的熊本锦工厂（旧NEC）将会被关闭，这个工厂的相关人士也曾找我征求过意见："您能否为我们出谋划策，让工厂不倒闭呢？"

当时我给出的回答是，半导体工厂在"水、空气和工序管理方面设施较完备，那么转型成蔬菜工厂怎么样"，但那之后工厂究竟做出了怎样的抉择，就不得而知了。

顺带提一句，富士通半导体公司公开表示，要将位于福岛县会津若松市的半导体工厂改造为植物工厂，并从2013年10月开始生产具有高附加值的低钾生菜。低钾生菜对于肾病患者等在饮食方面受限的人群是没有危害的。此外，因为工厂具有无菌栽培的条件，所以生产出的蔬菜品质较高。据说该工厂生产出的生菜1棵能卖到400日元，价格是室外栽培生菜的 3～4 倍。

比起价格波动大的半导体,可以说生产高附加值的蔬菜是更加稳妥合算的买卖。

言归正传,瑞萨还关闭了旧 NEC 的鹤冈工厂,这也是《日本经济新闻》报道的。

瑞萨电子将于 2015 年关闭山形县的最先进工厂
《日本经济新闻》,2013 年 7 月 27 日

报道称,瑞萨和台积电(TSMC)曾围绕日本山形县鹤冈市工厂出售一事进行磋商,然而最后未达成协议。(说到底双方有无真正进行过洽谈也让人怀疑。)

鹤冈工厂的主力产品为任天堂 wii 等游戏机所使用的系统 LSI 芯片。如今,游戏都可以通过智能手机的应用软件直接下载,这导致游戏机销量渐渐下滑。同样,数码相机、汽车导航系统,甚至连电视的销售都死气沉沉。一部智能手机几乎就可以满足消费者的所有需求。已经辞世的乔布斯发明的 iPhone 所产生的广泛涟漪效应令人震惊。

为何 NEC 生产不出自主品牌的智能机

尽管分析了这么多,我还是无法理解 NEC 一直处于迷失状态的原因。

首先,NEC 被 NTT DoCoMo 抛弃,想和联想联手又无果而终,所以只能退出智能手机市场。难道 NEC 就没有想过凭借自己的力量研制出智能手机,自力更生开拓海外市场吗?

其次,虽说 NEC 电子与瑞萨科技合并,和旧 NEC 已不存在资本关系,但旧 NEC 电子最先进的 SOC 工厂仍被关闭。

现在很多智能手机的处理器都采用英国 ARM 的架构(IP),由美国高通公司设计,再由韩国三星电子(从 2013 年开始变为中国台湾的台积电)生产。然而,由于智能手机的销售情况超出所有人的预期,再加上最先进的智能手机处理器的成品率难以提高,所以 2012 年智能手机处理器的供给处于停滞状态。面对这种供不应求的状况,日本应该有很多小规模的智能手机生产商仰天长叹。有人预测,这种智能手机处理器供给不足的恐慌还有可能再次上演。

在这样的情况下,打个比方,NEC 完全可以收购瑞萨电子决定关闭的鹤冈工厂（迟早都要关闭，不如以低价将其收购），作为高通的晶圆代工厂（也可以自己出资规划）生产智能手机的处理器。我充分相信 NEC 是有这个能力的。

再次，NEC 也可以研制出 NEC 自主品牌的智能手机，向 NTT DoCoMo 和联想发起挑战。有预测称，智能手机在全球将创造出销量达 10 亿部的巨大市场。如果仅仅将目光停留在只有 1 亿人口而且仍在不断缩小的日本国内市场，这种战略本身就毫无意义。

NEC 完全可以把握这个机遇，勇敢进军世界市场，可 NEC 一直无动于衷。这究竟是怎么了呢？

NEC 曾领跑世界的辉煌历史

在此，让我们来回顾一下 NEC 的历史。NEC 创立于 1899 年，是由岩垂邦彦和美国电话电报公司的制造部门即美国西电公司合资成立的。也就是说，NEC 最开始是通过与海外企业合资而创立的，可以说它本应该是一家具有国际风范的企业。

第二次世界大战前，NEC 以生产电话交换机等通信设备为主要业务。第二次世界大战时，由于日美关系恶化，NEC被合并到住友集团旗下。战后，NEC开始涉足通信、真空管和半导体等电子零部件、家电、无线通信设备领域，并开始计算机的研制。一般认为，NEC的日本电气家族的形象正是在这个时期确立下来的。

1977年，NEC会长小林宏治提出"C&C"（计算机＆通信）的口号，将"计算机与通信相结合"作为企业的经营理念。从此开始，NEC朝着以信息、通信为中心的综合电器制造商方向发展。

1982年NEC推出的个人计算机系列PC-9800风靡日本计算机市场长达15年之久，在全盛时期还被誉为"国民机"。我没有找到这一时期NEC全球市场占有率的数据，如果能找到的话，说不准可以找到NEC的"98"在某一时期市场份额夺得世界第一的相关记录。

1986年NEC的半导体销售额跃居世界第一，到1992年被美国英特尔超越之前的这6年内NEC都稳居世界第一的宝座。即使被英特尔赶超之后，直到1999年NEC也始终占据着第二名的位置。NEC将技术传授给三星电子后所生产的DRAM在1997年以前一直稳居世界前三。

在日本半导体制造商中，有拿下世界第一辉煌历史的企业仅有 NEC 一家。

同时，在手机业务方面 NEC 也曾大放光彩。在传统手机时代，NEC 曾夺得日本国内市场占有率第一的宝座，这一点也已在前面章节提到过。

半导体业务全部外迁，NEC 开始萎靡不振

如前文所述，NEC 在个人计算机领域曾是日本第一（有可能是世界第一），在半导体领域和 DRAM 领域曾是世界第一，在传统手机领域也曾是日本第一，NEC 不愧是一家有着辉煌历史、能够代表日本的综合电器制造商。

这样的 NEC 是如何走到如今这步田地的呢？

首先，我们来分析 NEC 的销售额及营业利润的变化。如图 4-3 所示，NEC 从 1985 年到 2000 年间的销售额增长一直顺风顺水，在这 15 年内其销售额翻了一番。但是互联网泡沫破灭后，销售额开始走下坡路。特别是从雷曼危机前后开始急转直下，从 5 万亿日元大跌至 3 万亿日元。

然而，让人觉得不可思议的是，虽然销售额有升有降，但从 1985 年一直到现在，NEC 的营业利润一直处于较低水平。换算成营业利润率平均只有 2% 左右。

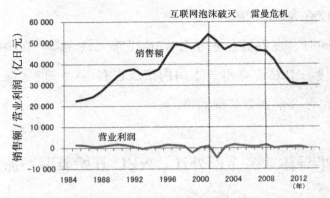

图 4-3　NEC 的销售额及营业利润
资料来源：NEC 的 IR 资料，由笔者绘制。

再来看看销售额、R&D（研究和开发）费用、员工人数的变化（见图 4-4）。在图中，为了方便将 3 类数据放在同一图表中来比较，我分别将每类数据的最大值统一换算为 100。

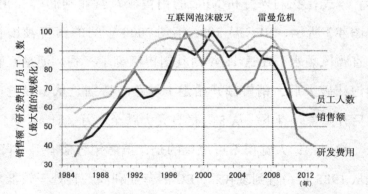

图 4-4　最大值换算成 100 时 NEC 的销售额、研发费用、员工人数
资料来源：NEC 的 IR 资料，由笔者绘制。

我们先记住 NEC 销售额在 2000 年达到顶峰这一事实，再来看看图。

研发费用最高的年份为 1997 年，除此之外，1991 年和 2007 年也有较大增长。雷曼危机后，研发费用急剧减少，甚至跌到最大值的 40% 左右。

员工人数在 1998 年达到顶峰。当时 NEC 整个集团的员工人数多达 157 000 人。2000 年以后人数稍有减少，但在 2006 年再次迎来高峰，超过 154 000 人。

然而在 2006 年以后，员工人数急剧减少，现在的人数是顶峰时期的 60% 左右，即 10 万人左右。

接下来再看看 NEC 的海外销售额比例。如图 4-5 所示，总体来说，NEC 的海外销售额比例并不高。NEC 在刚成立时应该是颇具国际化气息的，然而实际上 NEC 的企业特征却是相当内向的。

海外销售额比例的最高值为 1998 年的 30%。之后开始走下坡路，到 2005 年反弹增至 27%，但之后再次下滑，到 2012 年仅有 16% 左右。NEC 在亚洲的销售额比例（中间有一部分数据缺失）从未超过 10%，在 2012 年甚至跌至 5%。

通过以上分析可以发现，在销售额达到顶峰之后，NEC 从 2000 年左右开始步入萎靡不振的状态。

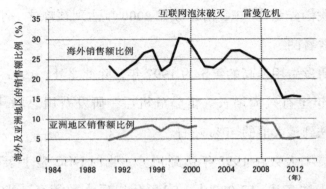

图 4-5　NEC 在海外及亚洲地区的销售额比例
资料来源：NEC 的 IR 资料，由笔者绘制。

1999 年 12 月，NEC 将曾在全球独占鳌头的 DRAM 业务划分出来与日立合并，成立了尔必达公司。2002 年 NEC 将连续 6 年稳居世界第一的半导体（SOC）业务分离出来，成立了子公司 NEC 电子。

也就是说，NEC 将所有的半导体业务外迁，成了 NEC 发展的转折点。

洋葱剥完皮后还剩下什么

在之后的 2011 年，NEC 将 20 世纪 80 年代凭借 PC-9800 系列风靡世界的 PC 业务与联想合并。2012 年，NEC 将持有的联想股票全部售出，这标志着 NEC 完全放手计算机业务。

从图 4-3 可知，NEC 只在两个年度出现过巨额的营业亏损：1998 年（2247 亿日元赤字）和 2001 年（4612 亿日元赤字）。在雷曼危机爆发的 2008 年，亏损额度也只停留在 62 亿日元，在第二年便实现盈余。

虽然营业利润率平均只维持在 2% 这样的低水平，但是 NEC 出现巨额赤字的年份并不多。这不禁让人联想到大型电器制造企业的特征。实际上，由于 NEC 有很多业务都来自 NTT DoCoMo（旧 NTT）等公共机构，因而其营业利润率在保持稳定的同时也相对较低。

而且，从海外销售额比例为 15%，亚洲地区销售额比例为 5% 这两个数据可知，NEC 主要关注的只是日本国内市场。可以说这种情况属于真正的"加拉帕戈斯"㊀企业。这是 NEC 的本质，虽然具有高超的技术能力，却将视线局限在国内，同时也是导致 NEC 衰败陨落的原因。

NEC 的所作所为，就好比将洋葱的表皮（而且是将日

㊀ 加拉帕戈斯化（ガラパゴス化、Galapagosization）是日本的商业用语，指在孤立的环境（日本市场）下，独自进行"最适化"，而丧失和区域外的互换性，面对来自外部（外国）适应性（泛用性）和生存能力（低价格）高的品种（制品·技术），最终陷入被淘汰的危险，以进化论的加拉帕戈斯群岛生态系作为警语。也称作加拉帕戈斯综合征、加拉帕戈斯现象（Galápagos Syndrome）。日本的手机产业是代表性案例。

本第一和世界第一的表皮）从外到内一层一层地剥下。

DRAM 和 SOC 业界存在着半导体产业周期循环，而在周期处于谷底阶段时就会出现亏损。个人电脑由各模块零部件组装而成，这种生产结构决定了其难以获得利润。可能正因为如此，NEC 才将其迁出公司，然而在此之后，NEC 的营业利润仍旧低迷不振。和剥洋葱皮一个道理，NEC 的所作所为只能让自己的规模不断缩小。

剥光了皮的洋葱，究竟还能剩下些什么？

从 NEC 2013 年的年度报告可以看出，NEC 将其主要业务分为 Public（社会公共业务）、Enterprise（民需业务）、Telecommunications carrier（电信业务）、System Platform（系统平台）、其他等五大部分（传统手机属于"其他"）。

此外，NEC 还确立了将营业利润率提升至 5%、海外销售额比例提升至 25% 的目标。只是对于一直想成为半导体业界龙头老大的 NEC 来说，这个目标值实在是太无力了。

专栏 4-2

三星电子惊人的信息收集能力

三星电子如饥似渴地从世界各地收集着各种信息。其中有些没有被公之于世，这些都是无限接近黑色地带、但仍处于灰色地带的信息。在这里，我就向读者介绍一下自己所遭遇的这类案例。

有一家名为工业调查会的出版社，于2008年8月倒闭。这家出版社主要以各种工业技术为专题发行供初学者使用的书籍。在倒闭之前工业调查会共出版了50本左右的书籍。这些书有个特点，就是书名全部都采用"……入门"的模式。

这套系列丛书多次涉及半导体技术。大致一数就有15本以上。应该有很多半导体业界的技术人员得益于这些书。我也买了10本左右。半导体方面的书很少有浅显易懂的，这套"初学者系列丛书"可以说发挥了巨大的作用。

工业调查会倒闭后，这套"初学者系列丛书"的部分书籍由技术评论社接手出版。

前田和夫的入门系列

在这套丛书中，3本半导体方面的书籍都由一人执笔，这个人就是前田和夫。前田曾就职于富士通，后又从先锋公司转到半导体生产设备制造商应用材料公司日本分公司

（Applied Materials Japan），并于1988年创立半导体制造工艺研究所（股份制）。随后，在执笔写书的同时，前田先生还作为大学研讨会的讲师涉足各种活动。除"初学者系列丛书"之外，他还执笔了很多有关半导体技术方面的书籍。然而遗憾的是，前田先生几年前便已辞世。

我在同志社大学开始进行半导体产业的社会科学研究时，曾于2004年2月购买了以下3本前田先生的著作。

①《半导体制造设备入门》（1999年3月第1版）
②《半导体制造工艺入门》（2000年12月第1版）
③《半导体纳米工艺入门》（2004年2月第1版）

我按照出版时间的先后顺序开始阅读，读后不禁惊叹"一个人对半导体技术的理解竟然能博大、透彻到这种地步！"与前田相比，（当时）我所掌握的知识甚至不及前田的1/100。即使到现在也可能只有他的1/10。此外，前田的书中偶尔会插入一些主题之外的话题，这个小插曲似的栏目内涵丰富，妙趣横生。我对②的第9章"展望今后的半导体工艺"中的"日本半导体产业为什么会衰败""半导体生产的核心是什么"等内容非常赞同，这些内容的某些部分也成了我在研究时的参考资料。

惊于《半导体纳米工艺入门》一书

带着惊讶和崇敬之情，我读完了①和②，并带着满心的期待开始阅读（当时的）最新作品③。我期待着能收获更深层的感动，然而书的部分内容让我觉得跟不上作者的思路，而且有 3 处内容有待商榷。

其实，③不过是②的修订版。半导体技术每年都飞速发展，最先进的技术转瞬间便会落后。我很能理解前田为何要重新修订 2000 年出版的《半导体制造工艺入门（第 1 版）》一书。但是，修订版的《半导体纳米工艺入门》究竟有怎样的变化呢？

③的基本结构和②基本上没有区别，我认为将该书命名为《半导体制造工艺入门（修订版）》更为适合。将书名定为《半导体纳米工艺入门》，会让人以为两本书的内容截然不同。但话说回来，从商业角度考虑，只有使读者认为两本书的内容完全不同，书才会更加畅销，这样想来，也许就没有必要对修改书名这件事吹毛求疵、大力批判了。

让人耿耿于怀的内容（其一）

当我阅读该书，看到第 150 页的图 5-32 的时候，不禁叫出声来。那个图竟是我画的！图中的参考文献写道："资料来源于 2003 年 5 月、Selete 公布的资料"。

上述的 Selete 是东芝、日立、NEC 等 13 家半导体生产商组成的民间联盟。

我在 2001 年 4 月到 2001 年 10 月之间一直是 Selete 的在编职员。当时我也的确绘制并公布了上述图 5-32 所示的晶体管栅极的加工方法。

但是，Selete 不可能将详细记载着晶体管各部件尺寸和结构的工艺流程图泄露到组织外部。不管怎么想就只有一种可能，就是前田拿到了 Selete 提交给东芝、日立、NEC 等控股公司的资料，并以此为参考，绘制图表并放到了他的书中。问题在于，前田先生为什么能够拿到 Selete 的这些内部资料？我将在下文叙述自己的推测。

让人耿耿于怀的内容（其二）

此外，在书的第 160 页的"专栏 5 配件制造商和设备制造商的关系"中，有如下表述。

> 最近某杂志刊载了一篇题为"65nm 以下最先进半导体生产工艺及设备的动向"的专题报道。

这篇文章由专业的技术工程师对各部分组件技术进行讲解，其中一个地方引起了我的注意。在干法刻蚀技术这一节中，提到"工艺流程和设备开发的主体经历了以下变化：

（1）半导体制造商同时研发设备和工艺流程的时代；

（2）半导体制造商使用设备制造商研制出的设备来进行工艺流程研发的时代；

（3）设备制造商同时研发设备和工艺流程的时代。"

文中提到的"技术工程师"指的就是我。

这些内容来自我在《日经微型电子设备》（2002年12月号）的附录 *SEMICON Japan 2002 NAVIGATOR* 中的"90nm、65nm、50nm……半导体工艺流程和设备技术：现状、新技术、对未来发展前景的建议"一段，与关于干法刻蚀技术章节中刊载的文章内容一模一样。

前田以我所写的内容为基础，提出半导体制造商技术空洞化这一论点。但他在引用我所写部分时，对资料的来源却是只字未提，这明显违反了著作权的相关规定。

让人耿耿于怀的内容（其三）

《半导体纳米工艺入门》的最后一章为"第7章半导体纳米工艺的未来"。在7.6节中谈到"日本半导体产业的复权"，最后一节7.7中则以"对工艺流程开发的建议"总结全书。

在7.7节中，前田再次使用了我在论文中提到的内容。在227页有一段内容，还特意用书名号括起来：

《为了使尺寸比耐蚀涂层的尺寸更精细，运用利用了光刻胶修剪技术的干法刻蚀法在如今是基本常识》（详见注释6）

注释6：汤乃上等人的著作《超LSI制造·检测设备指导2004年版》、2003年12月、电子材料附录、工业调查会刊，第29页。

此处算是很规范地引用了我的论文，所以至少不算是违反学术规定。但是我的名字不是"汤乃上"而是"汤之上"。希望作者在书中提及别人姓名时不要出错。

以上这些都只是鸡毛蒜皮的小错误，真正的问题在于别处。上面提到，我的论文发表于2003年12月，而前田所写的③《半导体纳米工艺入门》第 1 版出版发行于 2004 年 2 月，其间仅 2 个多月。前田到底是怎样在这么短的时间内找到我的论文然后用到自己书里的呢？更何况当时的论文只有纸质版，还不存在电子版……

前田的信息收集网

我总觉得前田对我所写的论文了如指掌。但就算是如此，他是怎么将 Selete 的内部资料弄到手的呢？又是怎样将我已经发表但没有电子版的纸质论文弄到手的呢？

经过冥思苦想，我认为结论只有一个，那就是前田有一个非常强大的信息收集网。那么这个"强大的信息收集网"的真面目究竟是什么呢？

围绕这个问题，我曾进行了研究。大致过程如下。

韩国三星电子于 1983 年接受夏普的技术转让，建立了半导体 DRAM 内存芯片第一工厂。该技术是由三星购买的，属于合法行为。后来三星电子在 DRAM 的制造上大获成功，跻身半导体制造商的行列。

第一工厂的成功让三星电子尝到了甜头，于是在第二年，凭借自身的力量成立了 DRAM 第二工厂。然而由于该工厂的 DRAM 成品率难以提升，这次建厂以失败告终。可见当时的三星还没有自力更生制造 DRAM 的技术水平。

随后，在建设第三工厂的时候，当时三星的社长表示要让钱发挥作用，于是花高价组织了一个由日本人组成的专家咨询团（一部分人称之为顾问团）。

这个顾问团的龙头位置由来自日本半导体 5 大巨头之一的富士通的某大人物占据（在此暂用 X 代替）。X 以其在富士通公司内外的人脉为基础，集结了近百人规模的顾问团。三星电子的第三工厂就是在这个顾问团的指导下建成，并旗开得胜。

第三工厂成立以后，这个顾问团继续发挥着巨大作用。第三工厂在 1992 年获得 DRAM 全球市场占有率的首位，之后，除有一次被日本的企业抢走风头之外，直到现在也一直稳坐第一的位置。

日本顾问团负责信息收集工作

第三工厂成立后，三星电子的信息收集范围由灰色地带转变为黑色地带。说起来日本顾问团的存在本身就是灰色性质的。这是因为如果三星坚持称顾问团的成员是用钱雇佣的，那么就不能将其定性为不合法。然而如果涉及三星以下的所作所为，则完全可以定义其是违法的。

有传言称从20世纪80年代中后期开始到90年代，周末从日本飞往首尔的航班中，坐满了日本半导体制造商的技术人员。甚至有消息称，日本企业最新的技术情报以每条100万日元的价格出售给三星电子。

可以推测，这宗买卖也是由顾问团在暗中操纵的。也就是说，顾问团联系上有意向或感兴趣的日本半导体制造商的技术人员，进行上述交易。

这个顾问团在此之后一直存在（我能确认的是到2007年为止），他们成了三星电子的决策智囊团。然而，这个智囊团的存在一次都没有被公之于世。

三星电子惊人的信息收集人脉

三星电子的顾问团里（貌似）有很多让人意想不到的人物。将这些人的名字说出来可能会让各方人马大吃一惊。因担心会造成恶劣影响，我在此也不准备涉及该内容（我也不想背后被人暗捅一刀）。顾问团本就不是官方组织，其人员名单归根到底也只是风言风语。

虽说没有根据，但据说前田也是顾问团中的一员。顾问团的首脑和前田都来自富士通，因此这两人有深交也不足为奇。

以下叙述仅仅只是一种假设，如果三星电子的顾问团的确存在，且前田与三星电子的顾问团有往来，那么我有关《半导体纳米工艺入门》一书的所有疑问也就有了答案。

三星电子拥有一张无比强大的信息收集网，特别是在对日本制造商的技术收集方面，三星进行得非常彻底。他们搜罗各种最新信息和机密情报并进行分析，不论合法或非法。日本三星就是他们的据点。

举一个有关三星信息收集能力的例子。1998年，我尚属于日立设备研发中心。当时研究中心正在进行1G DRAM的研发。由于2000年，NEC和日立的合资公司尔必达成立，日立单独试制的1G DRAM没能问世。

但是我从朋友口中得知，日立试制的1G DRAM芯片竟出现在三星电子内部。虽然不知道三星是通过怎样的高端战术将日立设备研发中心试制了（恐怕）只有十来个的DRAM芯片据为己有的，但可以肯定的是三星电子将其据为己有后，对芯片的内部构造进行了解析。三星电子有这样的能力，所以做这种事情理所当然。

对这个问题，我的推理如下。与三星顾问团（可能）有来往的前田只要一声令下"去收集汤之上写的所有文章"，便马上就能收集到有关汤之上的各种信息。有可能连我的邮件都曾被窥视。（虽然这有点不可思议。）

  我在本节开头提到："不禁惊叹'一个人对半导体技术的理解竟然能博大、透彻到这种地步！'"这是我的由衷之言。但我现在不得不猜测，前田对半导体技术的全面、深入了解，很有可能是基于三星电子的信息网络才得以实现的。话虽如此，但前田已不在人世，即使想确认也束手无策。

| 第 5 章 |

一成不变的日本技术文化

DRAM 衰败，日本半导体产业崩溃

2010年5月，中国台湾半导体晶圆代工厂TSMC（中国台湾积体电路制造，简称台积电）的CEO张忠谋在接受日经新闻社采访时，做了如下两个预测：

垂直整合模式的日本半导体厂商规模较小，生产效率低下，所以今后可能不得不选择无厂化模式。此外，20年后的综合半导体制造商恐怕也只剩美国英特尔和韩国三星电子吧。

无厂化半导体企业是指企业自身专注于半导体产品的

设计和营销、销售等工作，将生产外包给专门的半导体生产厂商（即晶圆代工厂）的半导体厂商。

那么，张忠谋的预测在不久的将来会不会实现呢？

我认为第二个预测有可能会落空。因为现在个人电脑被智能手机淘汰，位居半导体销售额世界首位的英特尔正身陷泥潭。如果英特尔不能成功走出困境，那么在20年后的2030年，英特尔这个半导体厂商很可能会不复存在。关于英特尔目前所面临的困境，我将在第7章中详细叙述。

但是，张忠谋的第一个预测，即对日本半导体厂商的预测则是应验了。日本半导体产业的实际情况比张忠谋所预测的要糟糕得多（见图5-1）。

2012年2月，DRAM生产专业户尔必达破产。同年，瑞萨电子濒临破产，裁员规模高达7500人左右，最终被以日本官民基金"产业革新机构"为中心的官民联合资本收购，而其SOC的生产业务则被委托给了台积电。

同时，富士通和松下两家企业的SOC设计部门合并，并决定实行无厂化，而富士通位于日本三重县的工厂也出售给了台积电。东芝的NAND闪存业务虽战果斐然，位居世界第二，但其SOC部门却严重萎缩，走向无厂化。

撤出 DRAM 芯片市场、转战 SOC 的日本半导体产业为什么会这样一败涂地呢？

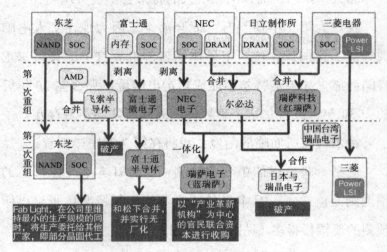

图 5-1 日本 SOC 芯片的毁灭

特别是日本最大的半导体生产商瑞萨电子，曾有过车载半导体（微控制器）位居世界市场占有率榜首的辉煌历史，为何现在却濒临破产呢？

红瑞萨、蓝瑞萨

2000 年，日本半导体各厂商在退出 DRAM 市场后，进行了以下合并以及成立分公司的调整。

第 3 章、第 4 章提到，NEC 与日立的 DRAM 部门合并后，成立了日本唯一一家 DRAM 生产企业——尔必达。后来，尔必达又将三菱的 DRAM 部门纳入旗下。

2002 年 11 月，NEC 划分出 SOC 部门成立了子公司 NEC 电子。NEC 电子于 2003 年 7 月在东证 1 部上市。

2003 年 4 月，日立和三菱的 SOC 部门合并后成立了瑞萨科技公司。如第 4 章所述，由于这个公司的 Logo 是红色的，所以业界称之为"红瑞萨"。

2010 年 4 月，NEC 电子和红瑞萨合并。新公司的名称结合了两家企业的名称，定为"瑞萨电子"。因为瑞萨电子的 Logo 为蓝色，为了和原来的红瑞萨区分，新瑞萨被称为"蓝瑞萨"。

回顾这一过程，总结起来就是：2000 年以前的日立、NEC、三菱三家企业的半导体部门被划分出来，将它们的 DRAM 部门和 SOC 部门合并后，就有了 10 年后生产 DRAM 的尔必达和生产 SOC 的蓝瑞萨这两家公司（见图 5-2）。

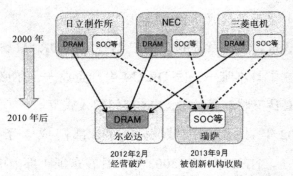

图 5-2　日立、NEC、三菱的半导体部门的整合重组

瑞萨领导放话"不要写、不要说"

2007 年 1 月,我还是同志社大学的一名教师。有一次,我被瑞萨的某位领导叫了出来。那个领导一见到我就开始训人,要求我"暂停一切写稿和演讲活动"。

要求大学教师"不要写、不要说"就相当于让他"不要工作"。即使不是大学教师,在日本谁都有言论自由。只要不违反公众的利益,言论自由受到宪法保护。

面对这种要求,我当然予以反驳:"我不会停止写稿,也不会停止演讲。您为什么要让我这么做呢?"

下面就是当时我和该领导的对话。

"因为你歪曲事实。"

"对您的意见我不能苟同。而且即使我'歪曲'事实,也该由读者来判断。"

"恰恰相反!你这种想法会误导日本的!"

误导?对于这样的措辞,我震惊了。讲到这儿,该领导的情绪更加激昂。

"很多无聊之辈在报纸和杂志上发表一些歪曲事实的东西。正是这些报道才让日本半导体一步步沉沦的。"

"……"(无语。这是什么理论,毫无道理)

"特别是《日经微型电子设备》原来的总编 N,这个人简直罪不可赦,就是他误导了整个日本半导体产业。"

"此话怎讲?"

"你连这个都不知道,还整天写书做演讲,可见你和他是半斤对八两。1995 年以后,这家伙信口雌黄说什么'日本赶紧放弃 DRAM 业务',还到处写报道宣扬什么'日本应该转战 SOC 市场',就是这个人误导了日本半导体产业。"

这位领导一顿痛批,眼角甚至还闪着泪光。谈到此,他补充了一句:

"现在误导日本的就是你。所以我要你别写稿子了,也别做什么演讲了。"

他继续说道,

"现在整个瑞萨都闹得沸沸扬扬,遇到大麻烦了。"

对此,我脱口而出问道:"啊?怎么回事?"这下可不得了,他的语气变得更加激昂。

"你连这都不知道吗?你到底搞的是哪门子研究!你连美国德州仪器宣布不会自主研发45nm以下芯片这条新闻都不知道吗?"

"这个报道我在报纸上看到了,我倒是略有耳闻,这有什么问题吗……"

"生产SOC芯片的老大德州仪器都说停止进一步精密化了,那我们瑞萨该怎么办啊?自从这个消息公布后,整个瑞萨都闹翻天了。"

"……"(这人是不是有问题啊?)

"我也联系了NEC电子和富士通半导体。它们也在发愁以后怎么办,现在一团糟。你还真是什么都不知道啊。"

日本半导体的"读杂志经营模式"

从几年前的这个小插曲可以看出,日本半导体拥有一个致命的缺点,就是缺乏自主决定能力。我只能认为日本半导体行业的领导是通过阅读《日经微型电子设备》这样的杂志来进行经营管理的。

我没有收藏1998年8月以前的《日经微型电子设备》。但是稍微翻看一下当年9月以后的2年内的《日经微型电子设备》,就可以发现杂志上有关SOC的报道确实异常得多。

话虽如此,瑞萨的领导提到"由于《日经微型电子设备》说'日本应放弃DRAM,转攻SOC市场',公司就这么做了",这也太不可理喻了。不仅如此,最后SOC事业进展不顺"都归因于《日经微型电子设备》的误导",失败后的瑞萨又将责任全部转嫁给杂志。

此外,决定是否向45nm以下的精密化工艺进军是半导体厂商面临的重大战略之一。因为美国德州仪器放弃精密化,瑞萨就乱成一团,这更是不可取的。是否继续推进精密化,应该由制造商自主决定。

事实上,在这个插曲发生的1周后,我有机会在东芝进行演讲。在恳谈会中我向东芝的领导们询问道:"听说美国德州仪器不会进行 45nm 以下芯片的自主研发，东芝准备怎么办呢？"东芝的回答是："德州仪器是德州仪器。我们是我们。我们依然会推进精密化的研究。"这才是一个企业应有的正常反应。

在半导体产业的战场里，"是否具有凭借自己的意志决定公司战略的能力"才是影响企业能否存活下去、能否发展壮大的决定性因素。

转战 SOC 是否为明智之举

在《日经微型电子设备》的"煽动"下，日本半导体同时退出 DRAM 市场，又同时专攻 SOC 业务（看上去是这样）。

自己没勇气决断，就像闯红灯时总是环顾周围，看到别人都过马路时自己也壮胆通过一样，依据从众心理采取行动。暂且不说这种保驾护航式的经营模式是否正确，先冷静思考一下从 DRAM 市场撤退，进军 SOC 之举是否合理。

图 5-3 展示了 MOS 存储器中的 DRAM 和闪存、MPU（英特尔处理器的主打产品）、MCU（瑞萨微控制器的主打产品）、DSP（德州仪器的主打产品）、特定用途的逻辑电路

SOC 销售额的变化。

从图 5-3 中我们再次了解了 1995 年 DRAM 的销售高峰有多高。这是因为市场盯准 Windows 95 的销售，从而导致生产过量。

可以说 DRAM 产业（准确来说是 DRAM 的生产者）完全不知道什么叫适可而止。销路良好（更确切的表达是销路看似良好）就脚踏油门大量生产。结果生产过量造成 DRAM 贬值，库存积压，最终让自己陷入深不见底的销售低迷中。

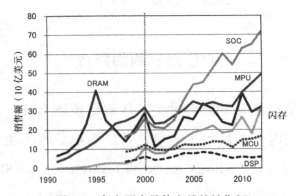

图 5-3　各主要半导体产品的销售额

资料来源：电子杂志《半导体制造装置数据手册》，由笔者绘制。

我曾听汽车生产商对半导体制造商说：

"你们难道不是在集体自杀吗？"

对这一说法，我简直举双手赞成。

结果，DRAM 在 1997 年被 MPU 超越，在 2001 年被特定用途的逻辑电路赶超，2012 年以后又被闪存赶超。

浏览图 5-3 中 1995 年以后的数据，我们不得不说 DRAM 已经沦落为成长空间极小的半导体产品。

此外，图 5-3 中显示 SOC 在 2004 年以后成为销量最好的产品。

由此可见，《日经微型电子设备》中的报道一语中的。既然是这样，为什么日本的 SOC 产业仍会不景气呢？

此外，为什么瑞萨会逐步垮台呢？

SOC 是利基的集合

我手头留有 2001 年"半导体战略推进会议"的会议记录。当时该会议的主办单位是日本半导体产业研究所（Semiconductor Industry Research Institute Japan，SIRIJ）。SIRIJ 是一个由来自各大半导体制造商的调职人员组成，并共同经营管理的智囊团性质的组织。SIRIJ 是经济产业省的下属机构，负责国家项目和联盟的宏观设计。

可以说，SIRIJ 是名噪一时的"为日本股份公司保驾护航"模式的阵地。

上述推进会议的与会人员有大型半导体制造企业的会长（董事长）、社长（总经理）、专务董事、产业技术综合研究所的理事长和所长，以及来自经济产业省、大学的专家学者等。

就日本半导体的产业竞争力不断下降，今后应该采取怎样的应对措施这一问题，会议讨论数月。最终，讨论结果汇集为，日本是否应该转战 SOC，并为此启动国家项目 Asuka 计划这一方向上来。（难道这也是《日经微型电子设备》误导的结果？）

在会议中，一位非理工科的、研究经营学的大学教授的观点引起了众人关注。

> 现在我们正被"SOC 将形成一个巨大市场"这样的错觉蒙蔽双眼，实际上我们应该意识到 SOC 是利基的集合。

我非常赞成其观点。其实 SOC 这种半导体产品是不存在的。SOC 只不过是将多达几千种有特定用途的逻辑集成电路 ASIC（application specific integrated circuit，专用集成电路）中集成度特别高的半导体部件集成在一起，并称之为 SOC 而已。

那么，为了拿下利基集合体 SOC，日本又采取了哪些措施呢？

强势启动国家级项目

为了进军 SOC，日本采取的措施包括：成立瑞萨电子等合资企业，积极成立相关联盟，强势启动国家项目（见图 5-4）。

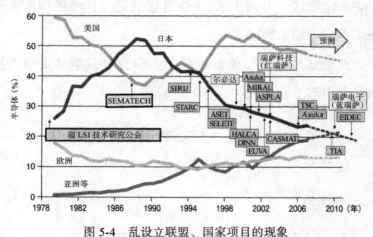

图 5-4　乱设立联盟、国家项目的现象

资料来源：半导体市场份额的数据来自高德纳（Gartner）公司和笔者的预测。

为了阻止日本产品所占的市场份额下滑，日本专门成立了相关联盟。然而，从图 5-4 来看，貌似联盟成立得越多，市场份额反而越低。

我认为其原因如下。

每成立一个联盟,半导体制造商就需要向联盟派遣10名左右的技术人员。如果成立10个联盟,算起来就要将100个技术人员派出公司。这样一来,半导体企业自身会缩水。更让人感到遗憾的是,联盟的技术研发基本上没有对成员公司的SOC产业发展起到任何作用。

就这样,成立的联盟数量越多,日本半导体所占的市场份额就越小。最终日本SOC产业将迎来毁灭性的结局。

参与Selete和Asuka计划

那么,联盟为什么没有对日本的SOC产业发挥作用呢?我想根据自身的经历来究其原因。

在2001年4月到2002年10月这一年半中,我从日立调到日本半导体尖端技术公司(统称Selete)。Selete是一个由13家日本半导体制造商组成的、负责研发用于SOC的工艺技术的联盟。

Selete与负责SOC设计技术研发的联盟——日本半导体理工学研究中心(Semiconductor Technology Academic Research Center,STARC)联合,旨在推进国家级项目Asuka

计划。Asuka 计划的目标被定位为日本半导体产业复兴。

也就是说，为了发展日本的 SOC 产业，我作为 Selete 的一名技术人员参加了 Asuka 计划。

然而，当 SOC 工艺技术的研发真正开始的时候，我却忧心忡忡，开始怀疑这样的研究是否真的有意义。

因为我发现技术研发的主题非常不确切。Selete 的技术研发水平在东芝等尖端的制造商看来是落后的，而对于冲电气、夏普、三洋等二线制造商来说则"不需要这样的技术"。因此，对于 Selete 研发的 SOC 工艺技术，出资的半导体企业完全不屑一顾。

而主题的不确切是因为该主题是由出资的 13 家半导体企业通过合议制确定的。这使得主题一旦确定，就不容许再进行变更。

位于筑波的产业技术综合研究所里新建成的超净室花费了 1000 亿日元以上的税款。13 家公司也承担了 5 年内 700 亿日元的研发费用。尽管斥资阔绰，但成果还是惨不忍睹，而且基本上没有人质疑过这一事实。

于是我开始认为，继续开发这些派不上用场的技术，日本半导体产业是不可能复兴的，而且对日本 SOC 产业的发展也没有任何益处。一旦产生这样的疑问，那么对"日本半导体的复兴到底是什么"这一问题就更加茫然无措。

也就是说，日本半导体和 SOC 产业要取得怎样的成果才算得上是复兴？是市场占有率的扩大，利润率的提高，还是技术力量的增强，或者是这些的综合，而且这些数值的目标值是多少呢？

我认为，不应该选定"日本半导体产业的复兴"这种抽象的目标，而是应该将目标具体化，比如 SOC 的市场占有率增加 10%，利润率提高 5%，等等，再为实现该目标设定一个明确的技术开发主题。

诸多的疑问使我越来越纠结，对技术研发也变得心不在焉。

部长和社长都是温水里的青蛙

对技术研发抱有疑问的我开始想方设法与周围的技术人员及领导们讨论，但是基本上没人理睬我。我甚至还被某位部长斥责"区区一个技术人员，没必要考虑这些"。（仅有一位来自东芝的部长和我抱有同样的苦恼，我们经常在一起进行讨论。现在我已尊称他为老师。）

就这样，我逐渐被身边的同事疏远。最后，我直接跟

Selete 第二任董事会总经理森野明彦（属 NEC）谈判，表示"这样下去日本半导体产业永远不可能复兴"，但对方置若罔闻，现状没有任何改变。

虽然外部环境在不断恶化，公司内部却完全没有危机感。可以说这个时期日本的半导体产业就和温水煮青蛙一样（其实现在依旧如此）。

2001 年以后，半导体业界陷入了极端低迷。我的原单位日立再三劝告我提前退职。我意识到在 Selete 工作简直就是虚度人生，于是决定退职。

在我退职的时候，由于找新工作花费了比预期更长的时间，导致我提交辞呈时，已经超过了《提前退职制度》规定的时间（应该超出 1 周左右）。

因此，我没能赶上《提前退职制度》，变成"因自身原因退职"，从而错过了获得年薪 2 倍左右退休金（大概 2500 万日元）的机会，这在第 1 章里已经提到过。

Selete 成立 15 周年和 Asuka 计划结束

由 SIRIJ 提议在 1996 年成立的 Selete 迎来了公司成立的第 15 个年头。Asuka 计划也在 2011 年 3 月结束。

我手头留有一本《Selete 15 周年纪念专刊》。纪念专刊中充斥着各相关机构的赞誉和看似硕果累累的各类成果。在此，我挑选了 2 处值得注意的地方。

摘录的第一段是 Selete 第三任董事会总经理渡边久横（属 NEC）的贺词"接手 Selete 的经营后"中的内容。

> ……鄙人在受邀担任 Selete 社长及 MIRAI 计划的领导时，明确表明了自己的业务使命，即"强化（有段时期被称为恢复）日本半导体产业的国际竞争力"。从现状来看，难言即将完成此大业。只是鄙人从上任初始就和多位有关人士讨论过："恢复国际竞争力的状态究竟为何种状态？是销售额占有率回归，还是利润总额增大？是赚取外汇多，出口总额扩大，还是在市场中的产业主导权加强？"至今这一问题都没有得到解答……

没有想到渡边社长竟然和我有同样的困惑。然而，让人头疼的是，在任务快拉下帷幕的时候他还没有弄清楚"日本半导体产业国际竞争力的恢复是何意义"。难道渡边社长是在没有目标的情况下连续做了 6 年的董事会总经理吗？如果真是这样，成功注定遥遥无期，因为指挥大局的人从一开始就对何为成功没有明确概念。

第二段内容摘自《主要参与企业眼中的Selete活动》中，由东芝公司前口贤二所写的文章。前口从2004年开始担任Selete的非执行董事，在此之前一直任SIRIJ的所长。

>……也有人曾轻率地批判业界的联盟活动及日本半导体产业的低迷境遇，提出了一些消极意见，但作为其客户，我想说这些活动在帮助我们从备选技术中选取新技术进行推广的实用化方面成果斐然，对于这一点我给予高度评价……

文中"提出一些消极意见的人"中就有我。更准确地说，应该就是单指我一人。因为我在不同场合都一直宣传"联盟成立得越多，日本半导体所占的市场份额就越低"这一主张。此外，我在Selete的一个研讨会上曾狠狠逼问过前口这个问题。

Selete从成立到现在，已过去15年。以复兴日本半导体产业为目标的Asuka计划也进行了10年。1年、2年内下结论可能有些武断，但折腾了10年、15年仍无改观，此时提出的指责不能用武断来一概而论。

身为SIRIJ所长，前口不仅仅是Selete和Asuka计划的主导者，也是决定各种联盟和国家项目宏观设计的大人物。对此，前口以"不应该太草率"等言辞为借口逃避责任的做法是无法让人原谅的。

NHK 节目：反攻的剧本 II

NHK 于 2013 年 5 月 11 日（周六）、12 日（周日）连续两晚播出了系列节目《日本制造反攻的剧本》。

在周日播放的第二集"新增长战略国家的攻和守"中，提到将现在流行的 3D 打印机作为国家战略。此后不知何故，话题转到了日本半导体产业是怎样衰败的这一问题，片中只有这段让我正襟危坐，认真地观看了节目。

但其内容却让人无言以对。

节目的重点如下。首先，日本的通商产业省（当时）于 1976 年成立了国家级项目超 LSI 技术研究公会，该组织发挥了巨大作用，使得日本半导体产业在 20 世纪 80 年代中期占据了世界 50% 的市场份额。

然而，随着日美贸易产生摩擦，当时美国给日本施加压力，称"日本政府只支持半导体产业的目标产业政策很不合理"。当时负责与美国进行交涉的通商产业省官员鹫见良彦在节目中表示"来自美国的压力，使推行支持半导体产业发展的政策遇到阻力。"

不仅是鹫见良彦,节目中的另一名嘉宾,东京大学政策展望研究中心的坂田一郎教授也表达了相同的见解。坂田在经济产业省等机构从事国家政策的起草工作近20年。

与此相对,代表美国方面出面交涉的克莱德·普雷斯托维茨(Clyde Prestowitz)则表示:"我们虽然指责日本政府的目标产业政策不合理,但作为国家的大政方针,这个政策是完全正确的。所以我对美国政府说我们要采取和日本相同的政策措施。"(这个人实在是欺人太甚。)

之后,美国成立了半导体制造技术战略联盟(Semiconductor Manufacturing Technology, Sematech),该联盟以"在1993年之前夺回美国在半导体业界的地位"为目标,按部就班地实施计划。实际上,美国半导体所占的市场份额确实扩大了,而日本半导体所占的份额下滑。美国成功反超日本。

官员们应自问:是否有点太推责

总结上述观点就是:正因为1976年国家项目超LSI技术研究公会的成立,日本半导体产业才在20世纪80年代中期夺得50%的世界份额,现在美国成立了联盟Sematech,

于是美国夺回了市场份额。同时日本半导体产业衰败都是由于美国施压使日本无法采取积极的国家政策而造成的。

这种总结，听上去好像在说半导体产业的兴衰都取决于经济产业省的政策。当然，不能说经济产业省的政策对半导体产业没有任何影响，但官员们将原因归咎于此是否有推责之嫌？这些难道不是偏向自己的一边倒的辩解？

比如说，对下面这个事例官员们要如何解释呢？

鹫见和坂田都表示，在日美半导体摩擦后日本的国家政策难以实施。但正如图 5-4 所示，日美半导体摩擦后，日本成立的联盟数量多得让人惊愕，同时还斥巨资启动了国家级项目，甚至还成立了尔必达和瑞萨这样的合资公司，最终还投入公共资金救济这些合资公司。这些全部都是在经济产业省的主导下进行的。

虽然经济产业省为日本半导体产业制定了无数个国家政策，但日本半导体的市场份额依旧在不断下滑。

这一现象究竟该如何解释呢？

为何不提 Asuka 计划

让人费解的是，对大型国家级项目 Asuka 计划鹫见和坂田却只字未提，尽管Asuka计划是模仿超LSI技术研究公会成立的。

Asuka计划未能在第Ⅰ期（2000～2005年）内完成，于是延长至2006～2010年的第Ⅱ期。而且在2011年以后，Asuka计划更名为"筑波创新园"（Tsukuba Innovation Arena）继续实施。这是因为一旦建成了超净室，配齐了所有的制造设备，计划就很难刹住车。

尽管日本在半导体产业，准确来说是在SOC上投入了如此多的人力、物力、财力，但日本的SOC业务还是走到崩溃边缘。对此，鹫见和坂田难道没有任何看法吗？

在启动Asuka计划Ⅱ项目的前一周，我曾采访SIRIJ，在那里听到了一个冷笑话。

采访时，工作人员向我展示了厚厚一叠用于新闻发布的"Asuka计划Ⅱ"起草书。我大致翻看了一下，发现有一页是空白的，竟是"Asuka计划Ⅱ的目的"这一页！

我惊讶万分，于是问道"'目的'这一页怎么什么都没写呢？"SIRIJ的责任人回答说："对啊，这真是个问题。"也就是说经济产业省的经费早就下来了，但是这个项目的实施目的却还没有定下来，更不用说该如何用这笔经费了。真是本末倒置。

ASPLA 的悲惨结局

Asuka 计划的结局悲惨，但由经济产业省一手操办的、于 2002 年 7 月成立的（股份制）日本尖端 SOC 基础技术开发（Advanced SOC Platform，ASPLA）的结局更是惨不忍睹。ASPLA 获得 315 亿日元投资，在 NEC 相模原的厂区内安装了 90nm 的生产线，富士通、日立制作所、松下电器产业、三菱电器、NEC、东芝等企业均为其成员，目的在于进行 SOC 标准工艺的研发。

这时，我已从日立调到 Selete，并参加了国家级项目 Asuka 计划 I。如上所述，Asuka 计划 I 旨在通过研发 SOC 基础技术，实现日本半导体产业的复兴。

那么 Asuka 计划 I 与 ASPLA 到底有何不同呢？我请教了 Selete 的领导，又询问了调到 ASPLA 的朋友，但还是无法弄清两者之间到底有何不同。

不仅如此，我还从 ASPLA 内部听到了更为悲惨的消息：公司内部分成两派，主张优先生产低功耗 SOC 的团队和主张优先生产高速 SOC 团队。ASPLA 的内部出现了分歧。

此外，随着 2003～2004 年经济形势的好转，各半导体厂商纷纷召回调职到ASPLA的技术人员。

但是ASPLA乃是经济产业省课长的心血之作，成立之初便制定了5年计划。无论如何都不能让经济产业省的课长颜面扫地。因此，虽然项目的实际活动已经基本停止，但ASPLA在5年内还是一直默默无闻地存在着。

此外，ASPLA还决定有计划地让调职人员回归原单位。因而有人说ASPLA每周都会举行欢送会。毋庸置疑，欢送会的费用由公司承担。（难道是用税金？）这种情况经济产业省难道不知道吗？

东日本大地震凸显了瑞萨的存在感

接下来，我们把话题从国家项目拉回到瑞萨。

2011年3月，日本东北部发生大地震。2011年4月，新车销售量排行中，丰田的普锐斯（PRIUS）下跌至第五。在此之前，普锐斯和本田的飞度（Fit）一直在争夺第一的宝座，并且几乎一直略胜一筹。然而大地震之后，普锐斯的排名直线下滑。

东日本大地震造成供应链断裂，这使所有汽车制造商在销售方面都萎靡不振，特别是丰田（尤其是普锐斯）低迷的销售尤为显著。

　　造成这种萧条的最主要原因是位于茨城县的瑞萨的那珂工厂直接受灾。生产半导体的净室残破不堪，几百台生产设备全部出现故障。这次地震使得车载半导体（微控制器）全部停产，导致一直从那珂工厂采购微控制器的丰田等汽车制造商也陷入生产停滞的状况。

　　为了推进灾后重建，瑞萨那珂工厂展开了心连心活动。由经济产业省和汽车工业协会带头，工厂生意伙伴的汽车制造商派出2500人规模的援助部队赶赴现场，不分昼夜开始抢修、复原工作。

　　最后，瑞萨那珂工厂的重建速度大大超过预期，2011年6月开始用10%的生产力使工厂运转，并以平均每月20%的增速不断提高供应量。虽然在地震中受灾严重，但工厂的恢复工作可谓神速。

对瑞萨那珂工厂的三点疑问

　　从丰田的角度看，瑞萨那珂工厂不过是其底下的三级承包商。既然如此，为什么区区一个制造零部件的那珂工厂受灾，就会带来如此大的影响呢？

瑞萨科技是在2003年由日立和三菱合资后成立的，公司在2010年又与NEC电子合并成立瑞萨电子，是拥有48 000名员工的、日本最大的半导体制造商。瑞萨电子在国内外约有20个半导体工厂。那为什么瑞萨电子不能让没有受灾的工厂进行替代生产呢？

再者，近年来汽车的电子化急速发展，普通汽车要装配50～70个微控制器，而雷克萨斯等高级汽车则需要100多个微控制器。现在汽车性能的90%以上都由微控制器控制。如此重要的零部件，瑞萨电子在全世界又拥有最大的产出量，为何其利润率却如此之低呢？

丰田失算，不知不觉陷入单极集中

在汽车产业里，以丰田等成品车制造商为顶点，与电装零部件生产商形成金字塔形结构。丰田下面的一级承包商有丰田系列电装零部件生产企业——电装公司和爱信精机公司。同样，本田有京滨公司（Keihin）及本田艾莱希斯公司（Honda Elesys）、日产有康奈可公司（Calsonic Kansei）和尤里歇杰科斯公司（Unisia Jecs），它们分别都是各汽车公司的一级承包商。此外，独立的电装零部件生产商有日立汽车系统（Hitachi Automotive Systems）等。

一级承包商底下还有二级承包商、三级承包商……，以此类推形成了一个多级金字塔结构。瑞萨电子等半导体生产商则属于三级承包商以下。关于这个结构，参考图5-5就能一目了然。

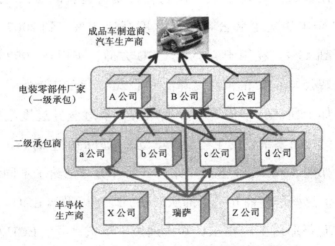

图5-5　汽车生产商电装零部件供给关系图

电装零部件包括电子控制式燃料喷射装置（PET）等发动机控制系零件、电子控制AT和CVT等电源控制系零件、ABS和电子控制式刹车辅助等车辆零件、安全气囊系统等车身控制零件。电装零部件基本上都要使用被称为ECU （electronic control unit）的车载半导体微控制器。

这些电装零部件中有一部分由丰田内部生产，更多是由一级承包商的电装公司和爱信精机公司生产制造。两家公司中，丰田对电装公司的依赖程度更大。丰田为了分散风险，一直致力于降低对电装的依存度。

比如说，在用于电子控制燃料喷射装置的 ECU 方面，1992 年丰田对电装公司的依存度高达 75%，到 2007 年则降低到 43%。在用于 ABS 的 ECU 方面，丰田将 1992 年时对电装公司 64% 的依存度降低到了 2007 年的 1.7%。

如上所述，丰田为了分散风险，规避业务过度集中于电装，也将零部件的生产承交给电装以外的供应商。

如图 5-5 所示，虽然本来已经将业务分散给了不同承包商，但这些承包商几乎全部从瑞萨那珂工厂采购 ECU。

瑞萨那珂工厂在东日本大地震中受灾严重，ECU 生产完全停滞。正是由于此次灾害，通过了解本应该已经分散了风险的 ECU 供应难题，丰田才发现自己在不知不觉中走向了瑞萨单极集中的死胡同。

不用说，目睹此状的丰田肯定面如土色。最后，丰田不得不派遣 2500 人规模的援助部队赶赴那珂工厂。

为何不能找工厂进行替代生产

丰田定制的 ECU 是在那珂工厂的 8 英寸生产线上，用 0.18μm 工艺生产制造的。上文讲过，瑞萨电子是由日立、三菱、NEC 电子三家公司共同成立的半导体制造商。0.18μm 的 8 英寸生产线除那珂工厂外，在西条工厂、滋贺工厂、熊本川尻工厂、新加坡工厂等很多工厂似乎都能进行替代生产。

尽管如此，瑞萨和丰田都没有萌生过找其他工厂替代生产的想法，而是固执地去重建那珂工厂。这到底是为什么呢？

虽然日立、三菱、NEC 电子共同成立了瑞萨，但是三者所拥有的生产设备种类是不同的。是否问题就在此呢？

为了弄明白这一点，我去那珂工厂询问了生产 ECU 的技术人员。得到的回答却是："只要有 1 到 2 个月的时间，交接工艺流程完全没有问题。"也就是说，问题不在因设备不同引发的工艺流程交接上的问题。那么问题究竟出自哪里呢？

据那位技术人员说，问题的根源在于"生产线批准的问题"。也就是说，一级承包商乃至二级承包商将ECU的生产委托给瑞萨的时候，如果制定了高达几百个工序的生产流程，那么就要批准这个工艺流程。这就是所说的"生产线批准"，也就是说工艺流程一旦被认可通过，原则上说是不允许改变其设备和方法的。

而作为瑞萨，即使出于与其他产品保持均衡，或与其他工厂调整生产计划，或者推进精密化等原因试图改变生产线和工艺流程，订货商（即上级厂商）也是不予批准的。在其背后主要是日本极其保守的思想在作祟，这种思想认为，如果更换了设备、更改了工艺流程，一旦出现残次品，引发汽车事故，到底该由谁来承担责任呢？

就这样，瑞萨受到来自上级订货商的限制，死死地固定了生产线、设备和流程。在上级订货商看来，这样就能杜绝残次品，从而降低风险。然而，一旦发生类似此次的巨大地震，就无法找到工厂进行替代生产，反而会遭受更大的损失。

此外，即使那珂工厂的车间技术人员认为"只要有1到2个月的时间，交接工艺流程是完全没问题的"，但由于ECU的上级订货商一直被"生产线批准"的魔咒所束缚，瑞萨也不会在其他的生产线上进行ECU的试制。

世界市场占有率位居榜首的企业为何会出现赤字

瑞萨微控制器的市场占有率位居世界第一（30%）。但如果以车载用微控制器 ECU 来计算，瑞萨在世界市场的占有率为 42%，遥遥领先位居第二的飞思卡尔[⊖]。然而瑞萨的收益率却极差。

参考图 5-6 就一目了然。

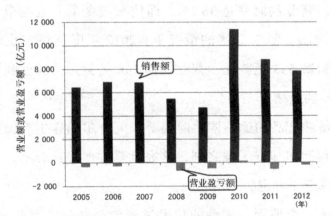

图 5-6　瑞萨的营业额和营业盈亏额

资料来源：笔者根据瑞萨电子的 IR 资料绘制。

如果分析 2005 年后瑞萨的销售额和营业盈亏额，可以

⊖ 飞思卡尔半导体（Freescale Semiconductor）是全球领先的半导体公司，全球总部位于美国得克萨斯州的奥斯汀市。飞思卡尔的产品广泛地应用于以下领域：高级驾驶员辅助系统，物联网，软件定义网络，汽车电子，数据连接，消费电子，工业，医疗/保健，电机控制，网络，智能能源等。

发现仅有两年出现盈余，分别是2007年度和2010年度。2010年瑞萨创下史上最高的销售额1.1379万亿日元和145亿日元的营业利润，可营业利润率却仅有1.3%。除以上年度外，公司全是赤字。

另外，同样是生产微控制器的企业，生产个人电脑CPU的美国英特尔在瑞萨创下最高销售额和营业利润额的2010年度获得的销售额为436亿美元，营业利润为159亿美元，营业利润率达36.5%。即使在当今个人电脑遭智能手机淘汰，陷入低迷的情况下，2012年度英特尔也创下了销售额533亿美元、营业利润146亿美元、营业利润率27.4%的业绩。

虽然产品用途不同，但瑞萨和英特尔同样生产微控制器，利润率却有天壤之别，这究竟是为何呢？总之，瑞萨收益率低是肯定的。

第一个原因，瑞萨的技术过剩带来产品的品质过剩，这在第3章曾提到过。第二点，瑞萨设立的部长职位特别多，导致公司人员构成头重脚轻。这也是收益低的一个原因。不仅如此，价格控制权和不良率（不良品占产品总数的比例）方面出现的问题更降低了瑞萨的收益。

下面我就对此进行详细说明。

价格控制权掌握在汽车制造商手里

英特尔在制造、销售个人电脑 CPU 的同时，也销售配备 CPU 的纯芯片套装。芯片套装中包含存储接口和图形接口等控制电路。

因此存储器（DRAM）和图形芯片（GPU）等零部件必须要按照英特尔所设定的接口大小生产。也就是说，英特尔控制着 PC 架构本身。PC 的世界是以英特尔为中心运行的。这样，英特尔就紧紧地掌握住价格控制权。

但是，在汽车行业里，掌握价格控制权的是汽车制造商，具体来说就是丰田。如上所述，汽车行业形成了一个以成品车制造商为顶点的金字塔结构。

就算要生产重要的零部件 ECU，在丰田眼里瑞萨不过是相隔千里的零件制造分工商而已。瑞萨只不过是按照上级生产商提出的规格及价格要求，规规矩矩地进行生产而已。

英特尔和瑞萨的收益之间存在的天壤之别，取决于有无掌握价格控制权。

不良率为零

那么，汽车制造商对 ECU 的规格又有怎样的要求呢？

和家电半导体一比较，你就能明白其要求是异常苛刻的，如图 5-7 所示。

质量	环境	温度	汽车	消费者
		温度	−40～175(200)℃	0～125℃
		振动	50G	5G
		静电	15～25kV(ECU)	2kV(HBM)
		湿度	95%	40%～80%
	产品	不良率	～1ppm	～200ppm
		寿命	20 年	10 年
成本			低	低
交付		供应	10 年～	15～2 年
		样本	车间生产的 3 年前	～1 年前

图 5-7 对汽车半导体的要求

资料来源：笔者关于电装、车载半导体可靠性的演讲，2008 年 9 月 1 日。

据电装公司的公开资料，在零下 40 摄氏度到零上 175（200）摄氏度（200 度）、湿度 95%、50G 的强烈震动、15～25kV 的静电中，必须要拥有 20 年质保，不良率控制在 1ppm（百万分之一）以下，在这样的严格条件之下，还要求其价格降到最低。

可是我从瑞萨那珂工厂实际从事 ECU 生产的技术人员口中听到的话却更让人瞠目结舌。

原来汽车制造商的要求岂止是百万分之一以下，完全就是要求零不良率。只要有 1 个 ECU 运转不良，就可能危及人的生命，因此不良率必须为零。不管是生产 100 万个，还是生产 1000 万个，都不能出现一个不良品。因此技术人员对于不良率为多少 ppm 这种说法完全没有概念。因为不良率必须严格控制为零。

这种想法并非不能理解。但我认为这简直是痴人说梦。批量生产的工业产品全部都不会发生故障，这是天方夜谭。

这样的想法说到底只是理想，不应该将它作为工业产品的规格要求。

不良率为零的思想如同核电的安全神话

稍微岔开话题，我认为丰田和电装公司要求的零不良率和一直促进核电发展的政府及东京电力公司等所强调的核电绝对安全的说法如出一辙。

政府应该认识到人类创造的核电也会发生故障，并在此前提下进行周全的危机管理。人不是神，所以没资格说"绝对安全"这样妄自尊大的话。正因为政府和核电公司打包票地说"绝对安全"，使员工思想麻痹大意，才酿成了这次的严重事故。ECU 也是如此，汽车制造商应在"有可能会损坏"的前提下，致力于汽车安全系统的构建。

再回到原来的话题，处于层层分包商之下的瑞萨不得不接受零不良率的要求。因此，瑞萨只能在生产过程中不断检查、不断分类甄选。

检查，说起来简单，然而检查半导体晶圆缺陷的 KLA-Tencor 缺陷检测设备 1 台的花费就超过 5 亿日元。检查的时候需要将设备一字排开，进行一道接一道的漫长检测。而且，残次品自不用说，产品哪怕有一丁点儿让人不满意之处，就意味着该批次产品不合格（批次不合格是指内含 25 枚硅片的 1 整盒全部要做废弃处理）。

这样，生产成本就像滚雪球般越滚越大。（让人感到遗憾的是，即便如此，不良率也无法达到零。）

即使这样，价格还要维持原状。更准确地说，瑞萨还常常被要求降低成本。结果使得瑞萨几乎无法盈利。

这样看来，生产车载微控制器 ECU 完全是一项不划算的生意。生产线、设备、工艺流程全部不能更改，也不能出现一个不良品，价格还要一降再降。这让人很难相信处于金字塔顶峰的上级制造商和下级制造商是在平起平坐地做生意。

那么，瑞萨为什么要生产根本不划算的 ECU 呢。我虽然不知道其中的真正缘由，但是前文提及过的那位技术人

员是这样回答的:

> "任何半导体生产商都不想生产 ECU。但是,瑞萨那珂工厂为了提高生产线的运行率,不得不去生产完全没利润的 ECU。因此所有厂商都把 ECU 的生产硬是委托给了瑞萨……"

就这样,瑞萨陷入了几乎年年亏损的境地。

对瑞萨新社长的期待

2012 年 2 月,尔必达的破产就像激起了连锁反应一样,一直亏损的瑞萨也被逼入了经营破产的死胡同。瑞萨的三大股东日立制作所、三菱电器、NEC 的主要股东如临大敌,与东京银行、三菱银行、三菱东京 UFJ 银行等 4 家银行联手对瑞萨注资 1000 亿日元。这才使得瑞萨躲过了当时迫在眉睫的危机。

然而,这种举措无异于往竹篮里注水,只是权宜之计。

一波未平一波又起,美国的投资公司 KKR 计划收购瑞萨,希望在年内买下过半的瑞萨已发行股票,得到瑞萨的经营权。为了阻止 KKR,官民基金"产业革新机构"和丰田汽车及松下等民间资本决定共同出资收购瑞萨。KKR 的如意算盘最终未能得逞。

2013 年 2 月 19 日,瑞萨董事会执行委员鹤丸哲哉(当时 58 岁)将晋升为瑞萨社长这一消息传开。原社长赤尾泰退出董事会,不久后引咎辞职。董事会成员从 10 人减少到 5 人,成员由公司内部决定。

虽然报道称,这次人事变动是暂时的,任期只到 2013 年 9 月,即维持到以"产业革新机构"为中心的官民资本联合投入的 1500 亿日元资金全部注入为止。但我无法认同这样的人事变动,即使只是半年期的暂时调整,社长和经营层仍应该从公司外部聘请。

但是,我也听到某位日立人士这样评论:"汤之上所说的虽然有道理,但是现在瑞萨社长需要有何种能力?是精通技术,对市场了如指掌,还是对经营战略理论炉火纯青?对于内部混乱、士气低沉的瑞萨来说,这些都是次要的。真正需要的是有活力,能大声发号施令的人吧。这样想来,鹤丸应该是最佳人选吧。"

这个观点虽然有点鲁莽,但又不禁让人首肯。2011 年 3 月 11 日东日本大地震发生后,瑞萨那珂工厂受灾严重,鹤丸率众进行恢复重建工作,是推进心连心项目的重要人物。

最终，那珂工厂恢复工作的进度远超预期，仅用3个月时间就完成重建工作，当年6月工厂便再次正常运转起来。要想在由瑞萨员工和来自汽车业界的援助队伍组成的、规模总计1万人的项目中发挥领导力，"活力和大嗓门"是必不可少的。

听到这种说法后，我也开始对瑞萨的新社长抱有些许期待了。

前社长的话彰显瑞萨自主决策能力的欠缺

然而，当我在《日经新闻》上重新阅读了从2013年2月11日开始登载的有关瑞萨的"真实报道"后，我打消了对鹤丸新社长的期待，决定还是坚持自己最初的论断："从公司内部晋升的社长还是不行。就算是短短的半年，如果不从公司外部聘请社长的话，一切努力都毫无意义。"

这篇连载详细报道了日本官民基金"产业革新机构"和丰田汽车、日产汽车等公司通过官民资本联合的方式阻止美国投资公司KKR收购瑞萨的来龙去脉。

根据此篇报道，策划通过官民资本联合收购瑞萨的人是经济产业省情报通信设备科的科长荒井胜喜。到目前为止，无论是业务合并成立尔必达和瑞萨电子公司，还是让尔必达和中国的台湾企业联手，这背后必定有经济产业省的身影。然而，只要扯上经济产业省就不会有好事。

我当时一直感到很疑惑，为何"产业革新机构"会突然出面，出现在对瑞萨的收购风波中？原来背后还是经济产业省在穿针引线。

一开始，KKR接受赤尾社长邀请派来10人审定小组时，其中有5人都是社长的候选人，据说这些候选人都是从1000人左右的企业顾问（industry advisory）中脱颖而出的半导体企业经营的专家。此外，我还听说KKR要求瑞萨裁员1500~2000人，同时传达了优秀人才提薪的方针。

瑞萨好不容易迎来了浴火重生的良机，只能说是经济产业省坏了这桩好事。

我对瑞萨新社长不再报有期待，其理由如下：为了阻止KKR收购瑞萨，经济产业省从中作梗，以"产业革新机构"为中心的官民基金正着手收购之时，据说赤尾社长给KKR的负责人打电话赔礼道歉时有如下说辞：

"对于这样的结果我们实在感到抱歉。主要原因还是我们没有自主性。"

难道这真是一个拥有42 800名员工、日本国内最大的半导体制造商的社长说出来的话吗？我甚至怀疑自己的耳朵是否听错。同时，我们也可以看出瑞萨自主决策能力的缺乏已经到了怎样的地步。这句话清楚地显示了严格遵从丰田及电装公司对品质和价格的要求，循规蹈矩生产微控制器的瑞萨作为分包商的劣根性。

只要瑞萨还有这种分包商的劣根性，那么可以说瑞萨不可能东山再起。

瑞萨的社员们走在荆棘路上

结果，以"产业革新机构"为中心的官民资本联合踢走KKR收购了瑞萨。瑞萨决定在2012年9月18～26日征集约5000名有提前退休意向的员工，没想到第一天就迎来了约7500名员工。结果，这次征集活动在第一天就得以落幕。

此外，由于希望提前退休的人数大大超过预计，提前退休抚恤金的资金出现缺口，在抚恤金基础上补加的6～36个月的奖金被分为3次支付。

在第二年的2013年，瑞萨再次宣布，将征集约3000

名的提前退休员工。然而，与第一次不同的是，在抚恤金基础上追加的奖金变成第一次的1/3即12个月的工资。提前退休人员的征集工作不一定在此画下句号，但奖金额度的增加肯定是无望了，而且也许会逐渐减少直至最后完全取消。

其实那些没有退职，选择继续留在瑞萨的员工也是度日如年。员工人数减少至3/4，而且今后还会继续减少，但工作量却不会一下子就减少。结果就是剩下的员工不得不填补退休员工的空缺，但涨工资却是遥遥无期。

因此，瑞萨员工一直纠结于"该辞还是不辞"这个令人头疼的问题。

2013年5月9日，瑞萨公开人事变动情况，宣布由董事会总经理鹤丸哲哉出任董事会总经理兼COO（首席运营官），此外由欧姆龙集团⊖的董事会主席作田久男担任董事会主席兼CEO。

瑞萨终于迎来了来自公司外部的CEO。今后我以及瑞萨员工只能对新会长的经营手腕拭目以待了。

⊖ 欧姆龙集团创立于1933年，历经83年，现已发展成全球知名的自动化控制及电子设备制造厂商，掌握着世界领先的传感与控制核心技术。

根源在于 30 多年前形成的技术文化

退出 DRAM 市场的日本半导体企业同时转战被杂志炒得声名大噪的 SOC 产业，但是，却没有一个明确的发展战略。因为企业毫无自主决策的能力，只能从众，以保驾护航的方式转向了 SOC。

我认为，日本的思想深处存在着"日本的工艺技术水平是世界第一"这样一种自负心理，简单地认为只要拥有世界第一的工艺技术，在 SOC 市场上就绝不会输给中国的台湾。

因此，为了借 SOC 复兴日本半导体产业，政府主导的联盟和国家项目络绎不绝地启动，旨在进一步强化工艺技术。

然而，我们亲眼看到了这种毫无裨益的做法。就算通过成立联盟和国家项目使工艺技术水平有所提高，对于利基集合体的 SOC 来说，这一成果并未击中要害。

利基集合体 SOC 需要的并不是工艺技术，而是需要：第一，哪个国家哪个产业的哪类人有何种需求，或者这种需求是否是有延续性的，探明这些问题的市场调研能力。

第二，系统设计能力。如其字面意思一样，SOC 是聚集在 1 个芯片上的系统。即，SOC 的附加值取决于芯片上运转的系统，也就是软件方面。

然而日本举国上下想提高的既不是市场调研能力，也不是设计能力，而是工艺技术。这是从存储器的成功经验中学来的构思。

丰田和电装公司提出"微控制器零故障"的要求，被这一要求所束缚的瑞萨倾尽全力追求的正是不会出现故障的高品质产品，也就是工艺技术的进一步提高。然而微控制器和SOC一样，其本身并没有附加价值。

结果，日本半导体产业在30多年前生产不会出现故障的大型机用DRAM时所确立的技术文化至今毫无改变。

不管是SOC还是微控制器，日本半导体公司都严格按照上级订货商的要求，一心专注于品质的提高。这使得企业不仅得不到任何利润，而且还遭到毁灭性打击。这不禁使人联想到零式战斗机：根据日本海军的要求，零式战斗机进行了一次又一次的（看上去没多大区别的）细微调整，正是在此期间，零式战斗机被美国战斗机赶超。

世界的发展模式瞬息万变，而日本却仍沉浸在30年前的成功经历所带来的沾沾自喜中，深信"日本技术水平世界第一"，没有一丝想去改变自己的念头。可以说，日本半导体遭受毁灭性打击的原因恰恰在于这种无意改变的态度。

这一点不仅仅体现在半导体产业上。下一章节讲述的电视产业也是无法摆脱高品质综合征的典型案例。

| 第 6 章 |

日本电视产业崩溃的原因

"索尼派"丈夫和"瑞萨派"妻子之间的对话

2012年3月,我登门拜访了家住水户市的朋友。朋友的妻子是我在日立半导体事业部工作时的同事,现在在瑞萨工作。丈夫是技术人员,在索尼负责液晶电视的研发工作。

说到2012年3月,正是索尼、夏普、松下3家公司亏损合计达1.6万亿日元,各公司忙于更换社长、进行大规模裁员的时期。

这对夫妇的对话十分有趣,而且富有启发性。丈夫有可能无法继续在索尼研发液晶电视,从而无比愤慨地抱怨:"这世上的人都不知道索尼液晶电视BRAVIA(best resolution audio visual integrated architecture,最高品质的影音整合架构）的画质有多清晰，这个世界简直疯了。"

对此，他妻子反击道："我看你才疯了呢。因为你是索尼员工，才买了索尼的液晶电视，但你看看，硬盘很快就满了，只能用低画质模式来录电视节目。况且要看录制的电视节目，低画质完全足够了。你们弄的什么高清画质，一点意义都没有！"

我听着这对夫妻的对话，带着对身为索尼技术人员的朋友的歉意，插嘴说："我投您妻子一票！"，站在了朋友妻子这一边。

追求高画质、超薄是技术人员的自我安慰行为

如果比较一下索尼、夏普、松下等日本产的数码电视和三星电子、LG 电子等韩国产品，以及没有实际工厂、只负责计划和设计的美国无厂代工生产商 VIZIO（瑞轩）生产的电视，可以发现，正如索尼技术人员所说，日本产电视的画质可能是最好的。

然而，这种画质上的差距只有在将两台电视放在一起仔细对比后才能发现，如果说全球的消费者都在追求这种差距甚微的高画质，我实在是不信。

因此在听到前文提到的夫妇对话后，我把票投给了妻子。

说到电视机的厚度，当 30cm 的显像管模拟电视变成 10cm 的数字电视时，可能会引起极大的反响。但如果厚度仅仅从 10cm 变成了 8cm 就大肆宣传，对一般消费者来说这种细微差别是没有太大意义的。

很遗憾，身为索尼技术人员的丈夫并没有这样的认识。

一般来说，日本的技术人员们都有擅长研发这种直线延伸型技术的倾向。而且对研发电视机的技术人员来说，不断追求高画质，哪怕是研制出厚度仅仅薄 1mm 的电视，可能都会给其带来成就感和喜悦。

然而，这不过是技术人员的自我安慰，实际上是一种自私行为。比起超出人眼分辨范围的高清画质，世界上更多人所追求的是使用的便利程度（那种又复杂又难用的遥控器会让人反感）、高端大气且匠心独运的设计，以及从未体验过的独特功能等。

对创新的错误认识

不仅是日本的技术人员，就算位居经营层的日本人也无法正确理解创新的内涵。我认为这是日本电视产业崩溃的一大原因。

读者中是否也有人将创新等同于技术革新呢？如果这样想，是大错特错的。很多日本人对创新存在误读。我认为这种错误认识是造成电视及日本各产业总体缺乏创新的罪魁祸首。

那么究竟何谓创新？

经济学家约瑟夫·熊彼特将创新定义为"发明和市场的新结合"。更简洁地说，"创新就是产品的广泛普及"。这里重要的是产品能够广泛普及，与技术是否具有革新性没有任何关系。因此技术研发的阶段是不会出现任何创新的。只有当使用了这项技术的新产品热卖时才能称得上实现了创新。

日本人对此出现了错误认识。他们坚定地认为，要先研发出先进的产品才是创新。

正因为存在这种思维误区，日本人非常容易陷入创新的困境。也就是说，日本人误解了创新的真正含义。

索尼技术人员的创新观

下面我以2006年索尼开发的家用电视游戏机PS3（Play

Station）为例进行说明。

PS3上选用了索尼、东芝、IBM投入5000亿日元、由500名设计人员花费5年时间研制出的革命性超级处理器Cell。无论在谁的眼里，这个Cell都是尖端技术的结晶。

我曾在2010年和2011年去索尼进行过演讲。当时发生了一件令我非常惊讶的事情：所有索尼的技术人员都确信，"不管是PS3还是Cell都掀起了创新浪潮"。

我们的确可将Cell称为在设计和制造工艺上大量运用最尖端技术的革命性的处理器，但这个Cell真的带来创新了吗？它在市场上热卖了吗？

从2007年4月到2009年3月PS3的销售量可以看出，PS3与竞争对手任天堂的wii、微软的Xbox相比，还存在巨大的差距（见图6-1）。

排在第一位的任天堂放弃了发展高性能处理器的路线，制作出一款名为"妈妈、爷爷一起玩"的游戏，成功地吸引了很少玩游戏的女性及老年人。而且任天堂在推广wii Sports、wii Fit等全新类型游戏方面也大获成功。

也就是说，2007～2009年间在游戏产业中引领创新的不是索尼，而是任天堂。任天堂成功开辟了游戏机领域的全新市场。这才叫真正的创新。（但是，现在智能手机不断普及，通过网络下载的游戏带来了破坏性创新，这使得需用专用游戏机的任天堂游戏事业深陷困境。）

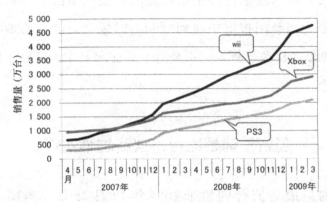

图 6-1　任天堂 wii、微软 Xbox、索尼 PS3 的销售量
注：笔者根据 Gigazine 绘制。

我认为索尼的问题在于：即使公司身处这样一种状况，它的员工仍然坚信"Cell 掀起了创新"。说到索尼，人们往往想到的是发明了晶体管收音机和随身听等让日本引以为豪的创新奇才。我的那位朋友正是这样想的。

为何会这样呢？因为索尼的员工产生了错觉（也可以说是错误认识），把创新等同于技术革新。所以我的朋友也才会深信液晶电视 BRAVIA 的"画质如此之高，肯定是创新"。

产生这种错误认识的不仅仅是索尼。很多日本人都误将创新等同于技术革新。

向日本人灌输这种错误观念的责任人是报纸等新闻媒体。因为当新闻报道中谈到创新的时候，总会贴心地标注为"创新（技术革新）"。正是这个标注向日本人灌输了错误的概念。

创新一词越流行，创新越难实现

创新成为流行词始于 2004 年 12 月 25 日，美国发表的新世纪战略"帕米沙诺报告"（*Palmisano Report*）中首次提到这个词。当时美国召集了产官学各界领袖 400 人，以 IBM 当时的 CEO 彭明盛㊀（Samuel J. Palmisano）为议长，发表了名为"创新美国"（*Innovate America*）的报告。其要点为："美国要想在 21 世纪继续实现发展和成长，只有创新才是唯一最大的动力，我们应该创新整个美国。"

日本对此进行了模仿，当时的日本首相小泉纯一郎也提出创新。很多人应该还依稀记得，从小泉手中接过接力

㊀ 萨缪尔·帕米沙诺是他的音译名，他的中文名叫彭明盛。2002 年 10 月～2012 年 1 月，彭明盛接替功成名就的郭士纳出任 IBM（国际商业机器有限公司）的 CEO，兼任董事会主席。

棒的安倍晋三在首次就任内阁总理大臣时,在其大政方针演讲中就零星提到了创新。

这个模仿并没有错误。因为要提高日本的竞争力,创新力仍是关键。

然而,遗憾的是,词语能模仿,而词语所包含的思想却很难正确模仿。首先,不论是小泉还是安倍都没有正确理解创新的含义。而且报纸也将创新误译为技术革新。结果"创新=技术革新"这个错误认识深深植入了日本人的大脑中。

"帕米沙诺报告"公布以后,美国稳步实现着创新。其中的典范就是苹果公司的 iPhone 和 iPad。此外,Twitter 和 Facebook 等社交网站(Social Networking Services,SNS)也掀起了创新潮流。

另外,由于日本误将创新当作技术革新,导致"创新"这个词越是流行,创新反而越难实现。问题不在于语言方面。语言是作为一个概念深深浸透至人的大脑之中的。但颇具讽刺意味的是,阻碍日本人实现创新的正是创新这个词。正是这种严重的错觉,为日本电视产业的崩溃助上了一臂之力。

电视和手机:一对加拉帕戈斯化的难兄难弟

前面提到"创新就是迅速普及的新产品"。2000年以后,液晶电视、等离子等数字电视取代显像管电视广泛普及,可以说数字电视确实带来了创新。

那么数字电视的霸权握在谁手里呢?

如果看2005年以后数字电视的销售份额,可以发现2010年以后,三星电子和LG电子等韩国制造占据了第一位和第二位(图6-2)。

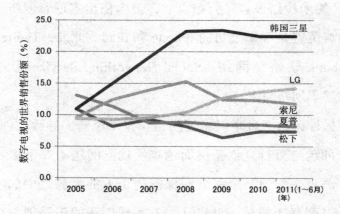

图6-2 数字电视世界销售份额的变化(以金额为基础)
资料来源:美国Display Search。

2006～2008年,索尼一直在努力守住市场占有率第二的位子，但 2009 年以后其市场份额大大缩水。

更让人难以理解的是，凭借液晶电视 AQUOS 被赞誉为"全世界的龟山品牌[一]"的夏普的市场份额从 2006 年以后一直处于 10% 以下的低水准。另外，因松下幸之助的"自来水哲学"而闻名的松下在 2007 年以后市场份额也跌至 10% 以下。

自来水哲学是松下幸之助的经营哲学，其理念就是大量提供像自来水一样的价格低廉、品质优良的产品。

从产品在世界市场所占份额来看，只能说夏普是"仅限于日本国内的龟山模式"，松下的自来水哲学也只适用于日本。

日本的电视产业和手机产业一样，最终因身患加拉帕戈斯综合征而衰弱。

"卖掉生产出的东西"是错误观念

2007 年 7～9 月，我环球旅行了一周，去了 13 个国家，拜访了 40 多家与电子产品有关的公司，此外，还去各国的家电销售区转了转。

[一] 此说法源于夏普位于日本三重县龟山市的工厂，其生产的"龟山屏"很受追捧。——译者注

结果我受到了巨大打击。因为不管去哪个国家，家电销售区都被三星电子、LG电子等韩国企业的产品霸占，日本的电子产品完全遭到冷遇。特别是在巴西、印度、中国等新兴市场国家，这种现象特别明显。价格方面，和悄悄待在角落里的索尼、夏普、松下等日本产品相比，韩国产品的价格仅为这些产品的一半。除此之外，韩国产品还做了以下让人艳羡的努力。

比如在印度。因为印度基础设施薄弱经常停电，因此三星生产的冰箱上装配了停电时的备用电池，而且价格是日本的一半。

此外，印度的国球是板球。印度人虽然喜欢在电视上观看板球比赛，但由于板球比赛的时间长达5个多小时，有时候观众想换其他频道，但又牵挂板球比赛的赛况。因此，三星改进了电视的功能，不管收看哪个频道，在电视的右下角都能显示板球比赛的比分。

在显像管电视的屏幕上显示比分时，比分显示牌的四个角一般会歪曲变形，然而三星显像管电视将焦距对准在比分显示牌的四角上，其价格依旧是日本的一半。

我去日本企业在当地的营业所打听了一下，当地的派驻人员垂头丧气地说："在这种情况下，我们的产品根本卖不出去。"

环游世界一周后，我有机会在日立的领导面前进行演讲。演讲中我介绍了以上见闻，并询问："日立是否没打算在金砖国家（BRICS）销售产品？"因为我一直以为日立实行的是"只瞄准发达国家，在发展中国家卖得好不好都无所谓的"战略。

然而日立的领导却回答说："我们希望产品在金砖国家也卖得很好。"于是我问道："依现在的情况，日本产品根本就卖不出去，对此贵公司有何打算，贵公司的商品策划由谁在负责，具体内容是怎样的？"得到的回答是："我们公司生产的是高品质、高性能的产品。进行商品策划的是设计人员。"当我进一步问："您公司是如何进行市场调研的？"时，公司方面竟然回答说："我们没有专门负责市场调研的部门。"仅凭这种状况，日本产品根本不可能打开销路。

现在又过了 6 年。有些企业开始向国外派驻市场调研专员，日本企业在一点点地改变。

但是，日本电器产业的地位还是在不断下降。这又是为什么呢？

这是因为三星的理念是"生产能卖掉的东西"，而日本企业仍然坚持"卖掉生产出的东西"这一理念。两者有着天壤之别。为什么会产生这种差距呢？

对市场调研也存在错误认识

前面提到，日本人将"创新"错误地理解为"技术革新"，因此"创新"一词越流行，真正意义上的创新就越难实现。

与此同理，日本对市场调研也存在错误认识。即日本人理解的市场，比如说和三星理解的市场，是两个完全不同的概念。所以日本无法摆脱"卖掉生产出的东西"这种陈旧的理念。

我曾在第 4 章指出，三星为了"生产能卖掉的东西"，将很多人划拨到市场部门，对全球市场进行调查。而且据说三星选拔最优秀的人才作为市场调研专员。因为在三星眼里，公司的未来掌握在市场调研专员的手里。这意味着对三星来说，市场调研等同于"开辟市场"。

另外，再看看日本电器产业的情况。一个公司里市场调研员的人数一般只有几个，而且没有专门的市场调研员，这个职位一般由销售人员兼任。不仅如此，正像 6 年前的日立那样，还有公司根本没有成立市场调研部门。而且日本市场调研人员的工作内容多为收集过去的市场统计数据并对之进行分析。

有一个例子直接体现了日本市场调研部门的处境和地位。我也是在乘坐京王电铁相模原线电车时从偶然遇到的一位朋友口中听到的。某著名半导体制造商的技术研发部长被调到了市场营销部。这位部长感叹说："唉，被降职了。看来马上我也要整天坐冷板凳了。"可见，这与把市场视为公司命运主宰的三星截然不同。

此外，日本的一本市场调研入门书籍中阐述了如下令人惊讶的主张（《研究者的职业》，林周二著，东京图书，2004）。

> "与数学物理、自然科学领域相比，加入社会、人文科学领域中优秀学生的平均人数更少。而且同样是社会科学，比起经济学，经营学更容易聚集一些平均能力较低的人。进一步在经营学领域中，比起纯经营学，商学、市场营销学更容易聚集资质较低的人。"

> "因为水平相对较低的人会聚集在市场营销

学科，所以立志学好市场营销的读者朋友们要学会反过来运用这个事实带来的有利条件。各位只要在这个领域努力学习，因为竞争对手的资质也没有其他学科那么高，所以即使天资不够聪慧的人要想在此领域崭露头角也比其他学科更加容易。"

也就是说，日本企业所认识的市场营销好像就是市场统计和市场调查，至少不是三星所理解的创造市场。此外，日本还存在偏差值⊖教育所带来的结构方面的问题，使得市场营销被认为是资质不高的人选择的专业，从而被轻视。由此可以看出日本和三星存在的差距有多巨大。日本企业现在有必要重新思考，正确理解何谓市场营销。

市场营销的本质

市场营销的本质是抓住变化，顺应变化实现自身的变化。经济活动瞬息万变，技术不断发展变化，市场环境风

⊖ "偏差值"是日本人对于学生智能、学力的一项计算公式值。日本各大学在录取学生时，常常是以这次考试的标准偏差为标准衡量学生的学习能力，并且作为录取的重要标准。——译者注

云变幻，制度和政治也在不断变化调整。更为重要的是人心也会变化。

上述因素一旦发生变化，就会带来谁都无法预测的模式转变。为了在这个变化莫测的世界中生存下去，"市场营销就是企业全部，企业全部就是市场营销"。只有市场才最值得被重视。

研究、开发、生产、营业、总务、管理、资材、人事，所有的相关部门和员工如果都对市场不敏感，就无法应对变化纷繁的社会环境。

在经济全球化的趋势下，世界在日新月异地变化。在这样的时代里，如果所有员工都不愿成为市场调研员，那么企业就难以生存。

尽管如此，日本的电器产业还进行着以日本人为中心的研究开发工作。此外，企业的决策权基本都掌握在日本人（特别是中老年男性）的手中。这样一来，企业根本无法放眼全球进行经营判断。

近年来，优衣库和乐天也制定了全球化经营战略，开始积极录用外国人。

然而，日本的电器业虽然产品销往全世界，但还是非常欠缺全球化视角。

用模块方式生产电视成为可能

日本电视产业崩溃的原因可以总结为，技术人员以自我为中心、对创新的错误认识、全球化扩展的不充分、市场营销能力的不足。

然而，最具决定性的因素还是从数字电视由模块零部件组装而成这一趋势开始。

比如液晶面板由液晶、定向膜、彩色滤光片、透明导电膜、玻璃、偏振片、薄膜晶体管（thin film transistor, TFT）阵列、背光源、驱动 IC 组成。

其中除了 TFT 阵列以外，其他都可以买到。而且，其中大部分都由日本的材料厂商垄断着市场。

TFT 阵列需要用同制造半导体时一样的工艺生产。只不过，DRAM 等半导体需要进行 25～30 次以上的精细加工，现在的精细程度已达到 20nm 水平，而 TFT 只需 5～6 次精细加工，其精细程度最大也就 3μm。而且其制造设备基本上都可以从日本制造商手中购买。

这意味着，全世界的制造商只要采购了零部件都能生产数字电视。

我从日立退职以后，2002 年 10 月～2003 年 3 月，一直在半导体能源研究所进行 TFT 的研发。精细加工次数达

25～30次以上，全部的工序数达500道以上的DRAM之类的半导体，仅凭一个人是很难试制的；但仅需精细加工5~6次，全部工序数量不足100道的TFT的试制与半导体相比非常简单，一个人用一个月就能完成整个工艺流程。

曾有一篇经营学的论文写到：“液晶工序采用配研法（精加工的一种方法），因此其标准工艺流程步骤少，操作规则也少。反过来说，由相关操作人员带来的技术泄漏成为大问题。”（《日本在液晶行业的竞争力》）

可以说这篇论文的作者完全不了解生产第一线的情况。因为根本不用担心核心技术等会通过相关工作人员泄漏出去。所有的材料和设备都能买到，稍微对半导体有点了解的技术人员可以轻易研制出TFT。也就是说，生产液晶面板是轻而易举的事。

因此，就算夏普在生产液晶面板时从头到尾实行"彻底的暗箱操作"，韩国和中国台湾地区的制造商瞬间就能赶上并超越它，这根本不足为奇。

因此可以推测，正因为三星电子充分认识到液晶电视易模仿的这种特性，为了使自己比其他公司更有优势，才在世界各地进行彻底的市场营销。

| 第 7 章 |

英特尔危机与晶圆代工业霸权之争

半导体行业企业排名变迁启示

本书第 5 章讲到,中国台湾的晶圆代工企业台积电的首席执行官张忠谋曾做过如下两个预言:日本垂直整合模式的半导体厂商将迎来无晶圆厂经营模式;20 年后,垂直整合模式的半导体厂商将仅剩下美国英特尔公司和韩国三星电子两家。

他的第二个预言极有可能落空。之所以这么判断是因为,正如以前大型计算机被个人电脑淘汰一样,现在个人电脑也正受到智能手机的冲击。还有一个原因就是,正在不断受到冲击的个人电脑处理器正是英特尔公司的主力产品。

这第二个预言只有在一种情况下才有可能成为现实,即半导体的精密化发展趋势保持现有模式,并且全球电子产业模式不发生改变。然而，这一条件是难以得到保证的。因此，张忠谋的第二个预言可能无法实现。此外，在今后的 20 年里，有可能某种颠覆性的创新浪潮将席卷半导体业，使现有的行业模式发生翻天覆地的变化。

为了证明 20 年后的情况的不可预测性，我们以张忠谋进行预测的 2010 年为基准，上溯到 20 年前的 1990 年来进行一个回顾。图 7-1 展示了截至 2010 年的 40 年来半导体销售额排名的变迁。

	1971年	1981年	1990年	2000年	2010年	2030年
1	德州仪器	德州仪器	NEC	英特尔	英特尔	?
2	摩托罗拉	摩托罗拉	东芝	东芝	三星	?
3	仙童半导体	NEC	日立	NEC	东芝	?
4	IR	飞利浦	摩托罗拉	三星	德州仪器	?
5	National Semicon	日立	英特尔	德州仪器	Renesas	?
6	Signetics	东芝	富士通	STMicro	Hynix	?
7	AMI	National Semicon	德州仪器	摩托罗拉	STMicro	?
8	Unitrode	英特尔	Mitsubishi	日立	Micron	?
9	VARO	Matsushita	飞利浦	Infineon	高通	?
10	Siliconix	仙童半导体	Matsushita	Micron	Infineon	?

图 7-1　半导体销售额排名变迁

资料来源：在线电子杂志《半导体制造装置数据手册》（Press Journal 出版）中的"VLSI 报告"，由笔者制成。

1990 年，全球半导体销售额前十强中，以 NEC、东芝、日立为首的日本制造商就占据了其中六强。此时的英特尔还仅名列第五，而三星更是连前十强都未能进入。无晶圆厂——晶圆代工经营模式当时也才呱呱坠地，尚没有什么立足之地。

然而在此后20年，始终坚持在前十强榜上的半导体厂商却仅仅只有英特尔、东芝、德州仪器三家。而如果再往前追溯到1971年，以40年为周期来看的话，坚守在前十强的企业就仅有德州仪器一家。由此可见，要预测20年后的事情是一件何等困难的事情。

综上所述，半导体产业盛衰兴替、变化无常。其根源就在于，半导体只不过是产品的一个组成部分。不可否认，半导体作为产品的部件扮演着十分重要的角色。但正因为是零部件，只要由其组装而形成的产品发生了更新换代，那么部件本身也必然将受到巨大冲击。

产品更新换代导致技术陷入无用之地

下面，我们从使用半导体的产品中选取电脑、电话、电视及汽车为例来分析这些产品所发生的变迁。首先请再回顾一下本书前言部分表0-1。

现在平板电脑、智能手机、超薄电视和混合动力车已司空见惯。然而在 20 年前的 1990 年,个人笔记本电脑尚未普及,也没有人使用手机。电视是显像管电视,汽车也只有燃油汽车。如果再往前推 20 年,在 1970 年,甚至还没有人拥有个人电脑。

由此可见,电脑等电子产品频繁地更新换代,直接导致半导体产业风云突变,兴衰更迭。换言之,一度不可或缺的技术也会在某一天毫无用武之地。

当大型机被个人电脑所取代时,一直致力于生产 25 年质保的高品质 DRAM 的日本企业会为三星等企业所取代,因为这些企业以毁灭性的廉价批量生产的战略迅速占据了市场。而如今,智能手机也正在将个人电脑逐渐驱逐出市场。

这一变化也正威胁着英特尔公司。尽管英特尔拥有世界最先进的精密加工技术和最尖端的晶体管技术,但由于个人电脑处理器一直是英特尔最核心的业务,英特尔也正因此而陷入了举步维艰的困境(见图 7-2)。

可以说,日本撤出 DRAM 市场和英特尔陷入困境的原因非常相似。接下来,我们来分析一下英特尔是如何登上半导体销售额榜首,又是如何陷入困境并且为何一直无法从困境中脱身的。

普及年代	1970年~	1990年~	2010年~
电脑的种类	大型机	PC	智能手机
用户	大企业	个人（工作人群）	普通人群
用途	大企业的基本业务	个人工作时的工具	普通人生活中的工具
最高统治者，霸权	IBM	微软、英特尔	苹果 三星电子
内存的统治者	日本	韩国	韩国

图 7-2　计算机行业的更新换代

之所以把英特尔作为案例来分析，主要是因为在我看来，日本半导体行业能从该研究中获得启示，甚至能抓住机会重振雄风。

英特尔 CEO 突然宣布辞职

2012 年 11 月 19 日，英特尔 CEO 保罗·欧德宁（当时 62 岁）突然宣布将于第二年的 2013 年 5 月辞去 CEO 职务。

保罗·欧德宁 2002 年 1 月出任英特尔 COO，2005 年 5 月 5 日成为英特尔第五任 CEO，8 年后宣布辞任。这次辞职看似在情理之中，但欧德宁是在尚未确定新任 CEO 人选的情况下宣布退位的，这在英特尔还是首例。

美国伯恩斯坦研究机构的分析专家斯塔西·拉丝贡评论说："在英特尔面临有史以来最大困境之际，欧德宁宣布辞任，这一行为本身就出乎所有人的意料。而且英特尔 CEO 一般都是在 65 岁才交出掌门人之位，应该说，此次辞任确实早得令人费解。"(《华尔街日报（日本版）》, 2012 年 11 月 20 日)

我曾经预测，由于英特尔在智能手机及平板电脑处理器方面的市场份额几近为零，所以英特尔有可能在 2011 年夏天失去半导体销售额冠军的宝座。而且我认为，智能机所带来的颠覆性技术使得英特尔正陷入"技术革新所带来的困境"。

后面还将提到，欧德宁之所以辞任，极有可能是因为自己在应对智能手机及平板电脑业务时决策失误，是引咎辞任。

为什么英特尔会陷入被称为"有史以来最困难的技术革新所带来的困境"呢？

接下来，我们先梳理一下这一"史上最大难题"，之后将回顾英特尔自创业以来的历史，以此探明英特尔陷入"技术革新所带来的困境"的原因。

英特尔陷入"技术革新所带来的困境"

美国苹果公司在 2007 年和 2010 年先后推出 iPhone 和

iPad 产品，从此，智能手机和平板电脑飞速普及，而这也给英特尔公司带来了前所未有的难题。

正如提出"革新困境"概念的克莱顿·克里斯坦森教授所使用的说法，iPhone 引发了"颠覆性革新"。iPhone 颠覆的不仅是传统手机，而且也颠覆了个人电脑。iPhone 问世后，曾名列手机市场份额第一和第二的诺基亚和摩托罗拉开始没落，世界最大的个人电脑制造商惠普以及戴尔也出现了巨额的赤字。

英特尔打造的超薄轻量笔记本 Ultrabook[⊖]的销售业绩萎靡不振。市场调研机构 IHS iSuppli 最初预测 2012 年 Ultrabook 的出货量为 2200 万台，此后将之下调为 1030 万台。而且，还将 2013 年的出货量从原来的 6100 万台下调至 4400 万台。

算是题外话吧，克里斯坦森教授曾在 iPhone 发售后不慎失言道："iPhone 也不过是一款徒有其表的手机，不可能一炮打响。"

可以看出，即使克里斯坦森教授是革新困境理论的权威，他也低估了 iPhone 所内含的颠覆性技术。

⊖ Ultrabook 是英特尔继 UMPC、MID、netbook、Consumer Ultra Low Voltage 超轻薄笔记本之后，定义的又一全新品类的笔记本产品，Ultra 的意思是极端的，Ultrabook 指极致轻薄的笔记本产品。

总而言之，现在 PC 正受到智能手机的冲击，而这也正是英特尔公司所面临的第一大难题，因为 PC 处理器是英特尔公司最为核心的业务。

第二大难题就是 Wintel 联盟（微软和英特尔的商业联盟）的解体。Wintel 联盟曾经是垄断个人电脑市场最大的王牌。但由于微软新一代操作系统（OS）Windows 8 支持低耗电的 ARM 处理器，使得 Wintel 联盟开始出现解体危机。图 7-3 显示了 PC 机和智能手机、平板电脑中主要构件间的关系，从图 7-2 中我们也能看出，在 PC 机备受智能手机与平板电脑冲击的形势下，再加上低耗电的 ARM 处理器的冲击，英特尔公司甚至在 PC 处理器市场也难以再继续维持其独霸天下的局面了。

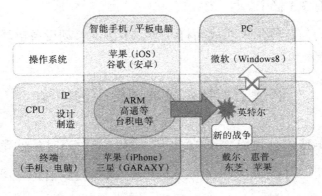

图 7-3　智能手机 / 平板电脑和 PC 的主要构件

第三大难题是，英特尔虽多次尝试通过 Atom 处理器进军手机及智能机市场，但均以失败告终。

2012年世界智能机处理器出货总量达7.1亿个。从企业品牌所占的市场份额看，第一位是美国高通（Qualcomm，36%）、第二位是美国苹果（20%）、第三位是韩国三星电子（11%）。英特尔仅占0.2%。

此外，智能机、手机处理器的基本设计（体系结构）95%都采用ARM处理器。ARM技术体系不仅限于智能手机，还广泛应用于通信设备、游戏机等移动设备，甚至还包括路由器、汽车半导体等。

2011年，ARM处理器销售量高达79亿个。与此形成鲜明对比的是，英特尔作为PC处理器的销量冠军，其销售量仅有3.3亿个。

为何英特尔未能成功打入智能手机等移动设备市场呢？

潜伏于英特尔发展历史中的困境

英特尔公司成立于1968年7月，是由当时从仙童半导体公司⊖（Fairchild Semiconductor）退职的罗伯特·诺伊斯

⊖ 创立于1957年，曾经是世界上最大、最富创新精神和最令人振奋的半导体生产企业，为硅谷的成长奠定了坚实的基础，当时号称电子、电脑业界的"西点军校"。

（Robert Noyce）和戈登·摩尔（Gordan Moore）共同创立的。公司名源于 Integrated Electronics（集成电子）的缩写。

诺伊斯是半导体集成电路的发明者之一。虽然德州仪器的工程师杰克·基尔比（Jack Kilby）也曾发明 IC，并于 2000 年获得了诺贝尔物理学奖，但是我认为诺伊斯的发明更接近于现在的 IC。但是由于 2000 年诺伊斯已经过世，因此诺贝尔奖颁给了基尔比。

另外，摩尔因其摩尔法则而闻名于世，他发现，MOS 工艺可以运用于半导体存储器。加上后来的安德鲁·葛洛夫（Andy Grove），这三个人形成了英特尔著名的"三人帮"体制。

接下来，我们将英特尔的历史按 5 任 CEO 的顺序，分为 5 段逐一进行分析。

1. 罗伯特·诺伊斯时代（1968～1975 年）

在首任 CEO 诺伊斯的领导下，英特尔在创立后的 3 年左右开始，就连续不断发布了 64bit RAM（64 位的随机存取存储器）、1KB DRAM（1 千比特动态随机存取存储器）、EPROM（erasable programmable read only memory，可擦除可编程只读寄存器）以及计算机处理器 4004。令人吃惊的是，现在几乎所有主要半导体都是在这一时期由英特尔研发的。

在诺伊斯离任前的1974年,英特尔发售了4KB DRAM。该产品获得了82.9%的市场占有率,也使得英特尔公司在半导体存储器业界独占鳌头。

2. 戈登·摩尔时代(1975~1987年)

在第2任CEO摩尔上任初期,英特尔仍是DRAM的专业制造商(见图7-4)。在这一阶段,英特尔最为辉煌的成就当数世界上首个单电源供电16KB DRAM的成功研发。面对英特尔的16KB DRAM,其他公司只能望尘莫及,所以该产品的价格也成倍上涨。

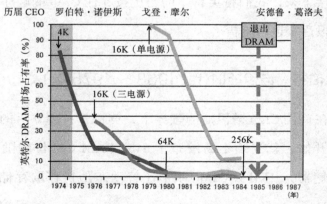

图7-4 不同时代英特尔DRAM市场占有率的变化

资料来源:Dataquest公司的数据由笔者制作。

然而好景不长，20世纪80年代开始，日本厂商大举来袭，英特尔迅速失去了市场份额。1984年英特尔的市场占有率甚至一度下降到了1.3%。在这种情况下，摩尔试图将DRAM作为英特尔发展的技术核心驱动力，开始寻求对DRAM业务的强力发展。

但此时，公司内部也开始将重心逐渐转移到处理器。DRAM部门坚持抗争了1年，但最终，公司还是停止了对1MB DRAM的研发。决定英特尔退出DRAM业务的负责人正是当时的COO安德鲁·葛洛夫。

3. 安德鲁·葛洛夫时代（1987～1998年）

毫无疑问，英特尔之所以能改头换面成为处理器生产商，并发展壮大为世界首屈一指的半导体企业，这一切都要归功于第3任CEO葛洛夫的铁腕。

最能印证葛洛夫经营理念的当属他曾经说过的一句话："只有偏执狂才能够生存。"葛洛夫不仅明确指出英特尔应该遵循的战略方向，而且他还试图全面整合公司上下所有员工的力量。

英特尔退休的高管们对葛洛夫的评价惊人的一致。"葛洛夫说话非常清楚明了，令人惊叹。""在他面前所有人都会被贬得一文不值。""他的话对人有一种震慑力。""只要他决定了要做某件事情，任何人都无法改变。""他做事完全只按照自己的方式去做，藐视其他一切意见。""任何与他相悖的人在他眼里都是碍事的。"……（罗伯特 A. 伯格曼的《战略就是命运》㊀)

葛洛夫通过他的"恐怖政治制度"确立了一套强有力的中央集权管理制度。他启用克瑞格·贝瑞特（Craig Barrett，第 4 任 CEO）为 COO，并将其职务命名为"主内先生"(Mr. Inside)。贝瑞特在公司上下成功地贯彻了葛洛夫的战略。公司所有的事情都必须报告给葛、贝二人，所有的重大事项也都由二人决定。

葛洛夫正是在这样的经营理念下将所有的战略都集中到了 PC 处理器业务上，使英特尔取得了巨大的发展。但是，经营的战略越集中，在处理器市场上所收获的成就越大，英特尔公司的经营战略也越显僵化，这也导致英特尔公司内部持续涌现的新的创意和想法没有一个发展成为新的业务增长点。

英特尔和微软共同成为 PC 业界当之无愧的统治者，但

㊀ 《战略就是命运》为 Strategy is Destiny: How Strategy-Making Shapes a Company's Future 一书 2004 年在中国的出版译名。在日本译为『インテルの戦略』，2006 年出版，日本大宝石出版社。——译者注

也正因如此，反过来他们也没能逃脱被 PC 业界所摆布的命运。

4. 克瑞格·贝瑞特时代（1998～2005 年）

之后，葛洛夫的忠实助手，曾担任 COO 的克瑞格·贝瑞特晋升为英特尔第 4 任 CEO。此时，互联网及手机开始普及。面对这种新形势，贝瑞特开始大规模收购其他公司，试图使英特尔由 PC 处理器生产企业转型为手机及互联网企业。

然而，被英特尔收购的公司的领导们根本不能融入英特尔的企业文化之中，很快就提出辞职。祸不单行的是，英特尔公司内部也是一片混乱。

也许贝瑞特生不逢时，CEO 任期内遭遇互联网泡沫破灭这样的危机，导致他发展新业务的所有尝试都以夭折收尾。然而，其根本原因，还是要归结于英特尔根深蒂固的企业文化。这种企业文化，伴随着葛洛夫将战略力量疯狂集中于 PC 业务而确立起来，并蔓延于公司的每个角落，深刻渗透到公司的内部，特别是贝瑞特的大脑里……正因如此，贝瑞特才无法交出高于葛洛夫的成绩单。

英特尔的一套经营管理体制可以很好地体现这种企业文化。贝瑞特提拔欧德宁为 COO，并称其为"主内先生"，这和贝瑞特担任 COO 时如出一辙。

曾就职于东芝、现隶属于斯坦福大学的西义雄教授这样评论到：

> 2000 年，英特尔进军蜂窝电话市场失败，当时我正好是德州仪器的 R&D（研究与开发）总负责人，记得当时我就分析，英特尔在蜂窝电话领域根本不可能上升到和德州仪器同样高的平台。当时我和英特尔的负责人比较熟，我很清楚他在"英特尔文化"中挣扎得有多痛苦。

5. 保罗·欧德宁时代（2005～2013 年）

葛洛夫及贝瑞特这一派系，由英特尔第 5 任 CEO 保罗·欧德宁继承。在欧德宁担任 CEO 期间，英特尔业绩斐然，获得了破纪录的营收额（388 亿美元→540 亿美元）和利润（年度每股收益 1.40 美元→2.39 美元）。

然而，这些业绩几乎全部由 PC 处理器创造，智能手机等新业务依旧未能一炮打响。通过类比英特尔的历史我们很容易推断，其原因还是要归结于第 3 任 CEO 葛洛夫创建的英特尔企业文化。

上文提及的西义雄教授提出了以下两点见解：

> 对于英特尔来说，真正的窘境在于：为了确保眼前的利益，董事会中具有"远见"（这曾经是英特尔最大的优势）、在技术层面具备敏锐直觉的有识之士已经不复存在。
>
> 但是英特尔技术力量雄厚，其技术人员也是人才济济，这一点不可小觑，因此从长期来看，总会找到解决该问题的方法。

我认为，解决该问题的首要任务，就是打破"葛洛夫所创建的根深蒂固的英特尔文化"。然而，就像日本半导体产业苦战30多年都无法突破"高成本"这一枷锁一样，英特尔想要打破自身企业文化的限制，看来也要做好打一番持久战的准备。

英特尔史无前例的误判

2013年5月17日的 *CNET Japan* 刊载了一则极具爆炸性的报道，而此报道正是关于退位让贤的英特尔第5任CEO——保罗·欧德宁。

该报道内容来源于美国老牌评论杂志《大西洋月刊》（*The Atlantic*）对刚辞任不久的欧德宁的一次专访。在采访中，欧德宁透露，在其任 CEO 期间，曾亲手扼杀了成为第一代 iPhone 处理器供应商的机会。这也成了英特尔历史上最失败的一次误判。

苹果（可能就是已经去世的史蒂夫·乔布斯）曾经向英特尔表达了合作的意愿，考虑将第一代 iPhone 处理器的生产委托给英特尔。据说，当时苹果提出会支付给英特尔一定的金额，但是除此之外绝不会多给一分钱（这种说话方式充满了乔布斯的风格）。

估计当时乔布斯开出的价格为每枚处理器 10 美元左右，并表示没有讨价还价的余地。于是英特尔进行了一系列的测算：根据这个开价，想盈利要确保多少的生产量，而这个问题最终还是要取决于 iPhone 能获得多少销售量。只是英特尔当时千算万算都不会算到，将来智能手机的出货量竟会超过个人电脑。因此，英特尔认为，制造这种单价 10 美元左右的处理器根本没有赚头（顺便提一下，英特尔生产的 PC 处理器每枚价格为 5000～20 000 日元）。基于这种推测，欧德宁最后回绝了苹果提出的委托交易。

然而，事实证明，英特尔当时对成本的预测是错误的。

因为 iPhone 的销售成绩一鸣惊人，其生产量竟达到所有预测的百倍之多！

最后，欧德宁补充了一句："当时直觉告诉我，应该接受苹果提出的交易。"此话颇有辩解之嫌，但是事到如今也是马后炮，无济于事了，跑掉的鱼总是最大的。

这样看来，欧德宁早早辞任，我认为只能有一种解释，就是不得不为放跑 iPhone 这条大鱼、错失良机而负责。

英特尔放跑大鱼，三星捡了便宜

附带提一下，英特尔回绝了苹果的交易邀请，于是 iPhone 处理器的生产供应商最终变成了韩国的三星电子。三星在 DRAM 和 NAND 闪存领域拥有全球第一的市场占有率，但是由于存储器很容易受到市场行情波动的影响，所以三星从很早以前就计划进军晶圆代工业，但是一直默默无闻。

正在这时，三星接受 iPhone 处理器的生产委托，用这个机会使自己的晶圆代工事业遍地开花，并坐享了其带来的丰厚利润。在 iPhone 效应的积极影响下，仅用了 3 年时间，三星在晶圆代工行业的排名就由第 10 位飞跃到了第 3 位。

此外，接手 iPhone 处理器的生产委托还给三星带来了更大的利益。众所周知，三星是一个"快速追随者"（fast follower），也就是模仿高手。三星内外对此都持默认态度。也就是说，苹果把智能手机附加价值的源泉——处理器的生产制造委托给了三星这个模仿高手。

后来，三星生产的智能手机 Galaxy 的出货量超越 iPhone，荣登世界第一的宝座，同时该手机也成为公司最大的收入来源。在 Galaxy 的研发及制造过程中，三星运用了很多生产 iPhone 处理器时获得的技术窍门和要领，这一点是毋庸置疑的。

2012 年后，苹果和三星围绕智能机在世界各国展开诉讼大战。对此我们也只能说，这是苹果搬起石头砸自己的脚。

如果英特尔把握良机，历史是否因此改变

如果当时英特尔承接了苹果的委托，历史可能就会由此改变。也许英特尔会在如今日思夜想的智能机处理器领域确立稳固的地位，不用挣扎在"英特尔历史上最大难题"的泥潭中，而欧德宁也会因为成功发展新业务而被歌功颂德，也许如今他还在 CEO 的宝座上指点江山。

相反，现在吃苦头的有可能就是三星了。没有了iPhone效应，三星可能无法在晶圆代工业务上取得突飞猛进的发展，而现在公司的摇钱树——Galaxy手机也有可能不会问世。

一个判断竟可以产生如此大的影响，这着实让人惊叹。由此可见，预测未来是怎样一件难事。因此，台积电的CEO张忠谋对20年后的情况所做的预测，命中的可能性基本为零。

半导体企业三巨头转战晶圆代工业

英特尔历史上最失败的误判让它放跑了iPhone处理器这笔大买卖。最后三星接手了这笔交易，捡了大便宜，并在晶圆代工业务方面取得飞速发展。然而2013年，台积电成功从三星手里夺走了iPhone处理器的生产业务。还有消息称，2014年以后，英特尔会加入iPhone的代工业务。

这样一来，世界半导体企业三强交锋的主战场就转移到了智能手机的代工业务领域。目前，晶圆代工企业鼻祖——台积电的晶圆代工营收在世界范围内占据44%的份额，位居榜首、遥遥领先。此外，由于台积电从三星手中抢走

iPhone 处理器生产业务，再加上来自无厂半导体公司营收额冠、亚军——高通㊀（Qualcomm）及博通㊁（Broadcom）的订货量急剧增长，台积电得以在最先进的 28nm 手机处理器业务里占据 9 成的市场份额，几乎是一手遮天。

台积电瞄准这种强劲势头，在 2013 年投入了约 100 亿美元用于设备投资，计划将尖端智能手机处理器的产能扩大到上一年度的 3 倍。如日中天的台积电 2013 年第一季度的财务报表显示，相比于去年同期，销售额实现了 26% 的增长，营业利润也上涨了 18%。

相比于 1998 年，2012 年英特尔的销售额增长了 2.2 倍，三星增长了 6.5 倍，而台积电竟然高达 11.2 倍！而且从雷曼危机发生后的 2009 年（即智能手机真正开始普及的年份）开始，台积电的营收增长率在 3 家企业当中也是位居第一。

以这种强劲势头不断发展壮大的台积电难道就没有弱点吗？英特尔和三星电子究竟有没有胜算呢？我们将在后续章节继续分析。

㊀ 成立于 1985 年 7 月，在以技术创新推动无线通讯向前发展方面扮演着重要的角色，因在 CDMA 技术方面处于领先地位而闻名，曾积极倡导全球快速部署 3G、4G 网络手机的应用。

㊁ 全球最大的无线通信生产半导体公司之一，年收入超过 25 亿美元。总部在美国加利福尼亚州尔湾，在北美洲、亚洲和欧洲有办事处和研究机构。

英特尔的晶圆代工业务能否获得成功

对于英特尔的晶圆代工业务，我的态度是相当悲观的。也许有人会说，英特尔不是承接了拓朗半导体㊀FPGA（field-programmable gate array，现场可编程门阵列，制造完成后可现场编程的 LSI）的生产委托吗？英特尔不是拥有世界上最先进的半导体工艺吗？对于这些事实，我并没有予以否认。只是，英特尔想要在晶圆代工行业闯出一片天可以说是难上加难。具体原因如下。

首先，英特尔承接了拓朗 FPGA 的生产委托，这让我想起了过去一个类似的案例。

2000 年，在三星的猛烈攻势之下，日本半导体企业一败涂地，并决定退出 DRAM 市场。日本迫不得已采用消元法删除 DRAM 选项，将重心转向 SOC。此时，日本还对自己的制造工艺太过自信，认为"凭制造工艺就能打天下"。

2000 年左右，半导体的布线材料渐渐开始由铜（Cu）代替铝（Al）。这是由于 1997 年，IBM 成功研制出采用铜

㊀ 拓朗半导体（Altera），美国硅谷的一家可编程逻辑器件以及可反复配置的复杂数字电路的制造企业。它于 1984 年推出了其首款可编程逻辑设备。它是世界上可编程芯片系统（SOPC）解决方案倡导者。

互连技术的半导体芯片，由此，全球的半导体企业纷纷试图改用铜布线。然而，由于铜在当时还是新材料，很难操控，所以铜布线一直没能成为主流材料。

在这个时候，最先成功掌握铜布线工艺的，就是富士通和 NEC 等日本半导体制造商。台积电的铜布线成品率却一直裹足不前，受此影响，几家手机半导体设计公司（无晶圆厂）接连倒闭。一直以来由台积电承接的无晶圆厂的项目也转到了富士通手中。

然而，其后富士通在晶圆代工业务上的表现却难以用"成功"来形容。由于事业进展不顺，如今，富士通拟将位于日本三重县的工厂出售给台积电。此外，富士通旗下的设计部门也将与松下合并。

前面提到英特尔承接拓朗 FPGA 的生产委托，我认为，这和刚才分析的富士通的案例如出一辙。面对 PC 业务出现负增长的困境，英特尔在不得已的情况下才进军晶圆代工业。随后，凭借最先进的精密加工技术，英特尔率先研发出 3-D 三维晶体管（3-D Tri-gate）技术，并从台积电手中抢下一桩生意。这样的情节，简直就是富士通的翻拍版。估计有这种感觉的应该不止我一人吧。

肥水不流外人田，新 CEO 依旧来自公司内部

一直以来，英特尔都在自己堆砌的 Wintel 联盟这座准入门槛后，悠然自得、从容不迫地做着买卖。英特尔紧紧控制着产品的价格，即使 DRAM 的单价跌到 100 日元以下，PC 处理器也一直维持着 20 000 日元的销售价格。然而，等英特尔终于成功加入日思夜想的智能手机处理器业务，却发现这也不过是单价 1000 日元的小生意，甚至还被迫与那些领头羊们拼死苦斗、大打成本战。

如果英特尔真的有心挑战晶圆代工业，就应该向台积电学习，统筹好无厂半导体公司[一]、知识产权供应商（IP vendor）、电子设计自动化工具供应商（EDA tool vendor）、装配厂商及 EMS（邮政特快专递）等要素，打造一个有利于经营的生态系统，创立一个能从 1000 日元的半导体中获取 30% 营业利润的体系。

2013 年 5 月，保罗·欧德宁辞任，英特尔第 6 任 CEO 由 COO 布莱恩·克兰尼克[二]接任。而这次人事变动也是沿

[一] 专注于集成电路设计并通过将半导体的生产制造外包于专业晶圆代工半导体制造厂商来取得优势的公司。

[二] 布莱恩·克兰尼克（Brian Krzanich），1982 年加入英特尔，参与并领导了该公司一系列技术变革。之前他管理着英特尔公司技术与制造部门超过 5 万名员工，业务涵盖晶圆定制、NAND 解决方案、人力资源及信息技术，并负责主导中国业务政策。

袭着英特尔创立以来就确立的老传统——从公司内部提拔CEO。

1993年，当时举步维艰的IBM聘请食品公司雷诺兹·纳贝斯克㊀的郭士纳㊁出任CEO。这一招果然奏效，IBM从此获得新生。英特尔要想扫清已经僵化的英特尔文化这一障碍，使自己的晶圆代工及智能手机业务一炮打响，就有必要从这方面入手，进行彻底的改革。

克兰尼克新官上任，肩负着英特尔的未来。但是，受英特尔文化影响颇深的克兰尼克能否不负期望，在新业务方面实施有效的经营策略，我对此抱有很大的疑问。

三星来势汹涌，矛头直指中国台湾企业

对于台积电来说，真正的威胁不是深陷窘境的英特尔，而是三星电子。

2013年4月14日的《日经新闻》刊载了一则报道，其标题极具冲击性：

㊀ 雷诺兹·纳贝斯克（RJR Nabisco），世界著名的饼干和休闲食品品牌，为亿滋所属子公司。旗下的主要品牌包括：趣多多、奥利奥、乐之等。
㊁ 郭士纳（Louis Gerstner），1993年郭士纳由美国最大的食品烟草公司老板转变成为IBM董事长兼CEO。2001年6月，鉴于郭士纳在电子商务和教育领域做出的杰出贡献，英国女王伊丽莎白二世授予他荣誉爵士的勋章。

"三星灭亡中国台湾计划"

据说该则报道的消息来源是一位曾在三星电子工作并担任要职的中国台湾人（也有传言称其现就职台积电）。

该报道称，2006～2007年时，中国台湾制造的DRAM和液晶面板很畅销，三星对此深感威胁，于是派出多名企业高管亲临中国台湾进行彻底的调查研究，并制定了逐步摧毁中国台湾IT产业的"灭亡中国台湾计划"。之后，三星开始一步步落实该计划。下面就是报道分析的"灭亡中国台湾计划"的要点。

首先就是给中国台湾的DRAM产业施压。2008年雷曼危机之后，三星依然坚决进行设备投资，受此影响，中国台湾的力晶科技、茂德科技等公司陷入经营困境，最终在2012年退市。

其次就是打压中国台湾生产的液晶面板。具体表现就是三星大幅缩减从中国台湾采购的电视面板数量。此外，2010年，韩国及中国台湾地区的几家液晶面板生产巨头被欧盟以"卡塔尔（垄断性企业联合）"为由开罚单，而三星却得以幸免，原因就是三星曾向欧盟当局提供相关信息告密。

受此事件的影响，2012年群创光电（原奇美电子）连续10个季度经营出现赤字，友达光电（AUO）也连续9个季度出现亏损。

第三点就是进攻中国台湾智能手机产业。被三星瞄准后，宏达国际电子（HTC）从2011年下半年开始市场占有率急剧缩水，在2012年末最终从全球智能手机市场占有率前5中陨落。

第四点是阻止夏普和鸿海联姻。鸿海和夏普宣布合作后，夏普股价骤跌，两公司需要时间来就合作条件进行谈判。当时，鸿海希望重新商议"以每股500日元的价格收购夏普9.9%的股份"这一条件，结果谈判一直没有进展，最后三星见缝插针，向夏普出资。而出资的条件之一就是"不更改鸿海的出资条件"。

第五点就是进攻中国台湾的晶圆代工业。三星数年前便开始大力发展晶圆代工业，它首先盯上了世界排名第2的中国台湾联华电子（UMC），将其打压到第4位。而三星的下一个目标，就是台积电。

三星 vs 台积电，再加上赶来蹚浑水的英特尔。从现在开始，在晶圆代工业这块主战场上，世界三巨头的战役将拉开帷幕，吸引着世界的目光。

　　然而，我思考的是，完全置身事外的日本半导体行业在鹬蚌相争之际，能否谋得渔翁之利呢？

| 第 8 章 |

日本过人的技术实力究竟在何处

面对更新换代，技术力量显得苍白无力

1980年年中，日本制造的半导体存储器DRAM在全球市场占据了80%的份额。凭借世界顶尖的过硬质量，DRAM甚至被称为"产业中枢"。然而后来，由于无法适应计算机产业的更新换代，再加上三星颠覆性的廉价、批量生产技术的打压，日本DRAM行业逐渐没落。

结果，只剩下尔必达一家企业孤军奋战。如果当时尔必达能让日立进行新技术的研发，让三菱负责集成技术，而让NEC专注于大批量生产厂商的生产技术，那么尔必达可能早就成为世界最有实力的DRAM制造商了。但是实际上，尔必达几乎把所有工作都交给NEC，直到个人电脑价格降低、DRAM价格跌至1美元，尔必达还是没能摆脱其

繁杂的生产工艺，最后面临倒闭。

退出 DRAM 业务的日本，在报纸杂志的煽风点火下，还未确定发展战略就急着把目标转向 SOC。SOC 其实属于利基市场，需要的是市场营销能力和系统设计。然而日本依旧和以前一样，沉浸在 30 多年前形成的技术文化中，循规蹈矩、一成不变，按照上游订货商的要求，一味地追求高品质，结果无利可图，使行业遭受毁灭性的打击。

电视产业曾经是日本的拿手绝技，而日本通过组装模块组件，本来完全有可能成功研制数字电视，但是日本却偏偏一头扎在相差无几的高清电视上，而且这种高清电视在世界上也基本没有销路，最后败落。

1992 年以后，美国的英特尔公司荣登世界半导体营收冠军宝座，垄断了 PC 处理器市场，并一直致力于研发世界最先进的半导体技术。但是，自从 PC 市场开始被智能手机排挤，英特尔也面临着史上最大的危机。

经过以上分析可知：即使拥有世界第一的市场占有率，拥有生产世界最高品质产品的制造技术，世界一流的高清画质技术，以及世界最尖端的技术，在更新换代来临之时，这些都是百无一用的。

当然，这并不意味着技术研发没有任何意义。我所要强调的是，无视世界产业模式的变化，被过去的成功经验所束缚，因而死守着自以为强大的技术，没有改革创新的意识，这才是问题的症结所在。

日本的半导体行业要想东山再起，就要充分适应产业模式的更新换代，研发出革命性的新技术，以此来生产制造新产品。

日本人究竟擅长什么

要想充分适应产业模式的更新换代，从创新的错觉中苏醒，掀起下一个创新风暴，日本需要弄清楚哪些技术是自己擅长的、哪些技术可能成为自己的强项，并灵活运用。要知道，想拿自己原本就不擅长的技术与对手竞争，无异于以卵击石。

那么，日本擅长的技术到底是什么呢？

在日本半导体业的历史中，能够大放光彩、引人注目的产品只有两个。一是1980年到1990年间的DRAM产业，二是东芝的NAND闪存。SOC产业则完全没有萌芽。此外，如果我们分析一下日本的DRAM产业和瑞萨的微型计算机业务，可以发现日本虽然在制造高品质产品方面得心应手，在降低成本方面却力所不及。

不仅是半导体，纵观日本二战后的产业历史，无论是经济高速发展时期的纤维产业及钢铁产业，还是 20 世纪 90 年代至 21 世纪的汽车产业，可以发现，日本获得成功的产业都有以下三个特征。

1. 竞争力扎根于制造工序的产业

通过在产品的生产现场实行 TQC（total quality control，全面质量管理）和改善法⊖，来提高生产效率，并形成竞争力，这样的产业是日本的强项。相反，需要在研究、市场营销和销售方面提高竞争力的产业则是日本的弱点。

2. 需要高度集成技术的产业

需要将多个组件技术组合在一起，进行综合性集成的产业也是日本的拿手项目。相反，模块化的产业以及单凭一项拔尖技术就能形成竞争力的产业则是日本的劣势。

3. 要求延续性技术的产业

日本擅长要求技术持续进步的产业，而不擅长对技术延续性没有要求、技术变化频繁的产业。

⊖ 改善法是起源于丰田公司在生产、机械和商务管理中持续改进的管理法。——译者注

综上所述，日本在半导体存储器领域取得成功的原因有以下几点：首先，相比于设计，日本在半导体的制造工艺方面更能形成竞争优势；其次，半导体对集成技术要求很高；再次，半导体存储器的研发需要以比例缩小规则（scaling rule）及摩尔法则为理论基础，依次推进精密化和高集成化。这些都是日本人擅长的领域，因此能够获得成功。

相反，在 SOC 领域，相比制造工艺，产品的销售计划，以及为确立计划所进行的市场营销，还有系统设计能力，这些因素更容易成为优势竞争力的源泉。这些因素中很多都是日本人不擅长的，所以日本的 SOC 产业未成气候。

因此，日本如果能找准靠制造工艺打拼、对集成技术和技术延续性要求较高的领域，并在这些领域里开展创新，就有可能重整旗鼓。

此外，仔细分析一下半导体的制造设备，你就会发现日本拥有另一项出类拔萃的技术。我将在后续章节中一一道来。

两个现象：共同进化和共同退化

日本半导体的市场占有率于 1987 年达到顶峰，随后开始走下坡路。无独有偶，日本半导体制造设备的市场占有率于 1990 年登顶后每况愈下。如果将两个市场占有率的变化趋势绘制成一幅图，可能会让人感到惊讶：两者发展趋势竟如此相似（见图 8-1）。

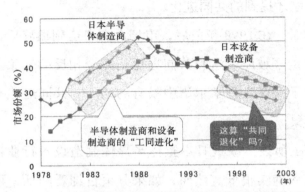

图 8-1　日本半导体制造商和设备制造商的共同进化及共同退化

通过图 8-1 可以发现，从 20 世纪 70 年代到 1990 年间，两者的市场占有率都在增长。可以说这一时期，日本的半导体制造商和设备制造商处于共同进化的状态。共同进化是生物学术语，主要指不同的生物物种通过互利共赢，使两者的物种数和个体数增加的现象。

这一时期，光刻设备（lithography equipment）中的一种——曝光设备⊖（exposure equipment）的生产制造商和半

⊖ 现在国内主流互联网上将其统称为光刻机，在本书中后面频繁提及的"曝光机"就是大家热议的光刻机，为了尊重作者原文的严谨性，后文仍沿用"曝光机"的译名。——译者注

导体制造商密切合作，共同致力于设备及组件技术的研发。例如，NEC 和尼康、东芝和尼康、日立和佳能等。这些企业通过紧密合作，逐渐确立了自己称霸于业界的强大地位。这就是刚才提到的共同进化。

然而，在 1990 年前后，市场占有率达到顶峰后，两者都开始走下坡路。这和共同进化是完全相反的现象。因此我创造了一个生物学术语中没有的词——共同退化来形容这种现象。

综上所述，纵观日本整体半导体制造设备行业，其市场占有率确实很低。然而，如果分项目细看的话，可以发现，有的设备正在逐渐衰退，有的设备依然维持着较高的市场占有率。

主要设备及其生产制造龙头企业

我从所有的半导体制造设备中，选取了销售额最高的 8 个项目，并绘制了图 8-2。

从图 8-2 中我们可以知道，曝光设备的销售额名列第一，下面依次是干法刻蚀设备、清洗和干燥、晶圆检测、PCVD（等离子体化学气相沉积，为成膜设备的一种）、溅射（sputtering，成膜设备的一种）、匀胶显影机（coater/developer，是一种涂有光敏抗蚀膜的显影设备）、CMP 装置。

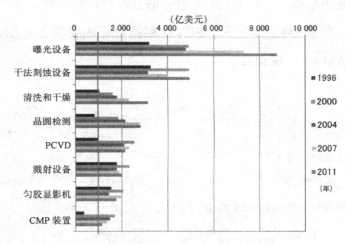

图 8-2　销售额超过 1000 亿美元的主要设备
资料来源：在线电子杂志《半导体制造装置数据手册》，由笔者制作。

图 8-3 显示的是这 8 个项目的主要生产制造商及其市场份额。

精密加工业务曾经是日本的看家本领，但是最终日本还是自宝座跌落。在曝光设备方面，荷兰的阿斯麦尔⊖

⊖ ASML 的全称为 Advanced Semiconductor Material Lithography，目前该全称已不作为公司标识使用，它是总部设在荷兰 Veldhoven 的全球最大的半导体设备制造商之一，欧洲人均科研经费排名第二的高科技公司，向全球复杂集成电路生产企业提供领先的综合性关键设备。ASML 于 2012 年 10 月宣布收购 Cymer 公司，以加快 EUV 的研发进度。

（ASML）取代了尼康和佳能，一举占据了将近8成的市场份额；干法刻蚀设备方面，美国泛林研发（LamResearch）⊖ 超越东京电子（TEL）坐上第一的宝座；晶圆检测设备方面，美国科磊⊖独占半边天；PCVD 和溅射等成膜设备方面，美国 AMAT 紧握霸权。

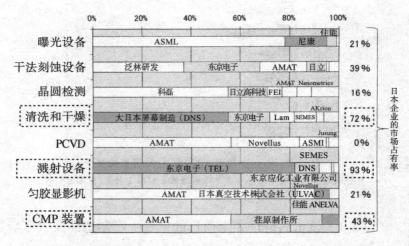

图 8-3　半导体制造设备主要项目生产企业的市场占有率（2011 年）
资料来源：在线电子杂志《半导体制造装置数据手册》，由笔者制作。

⊖ 世界半导体产业提供晶圆制造设备和服务的主要供应商之一，2012 年 6 月 4 日，与加州圣何塞 Novellus Systems 公司合并。

⊖ 科磊（KLA-Tencor），1976 年在美国加州成立，目前分公司分布于美洲、欧洲、亚洲等国家。根据市调机构 Gartner 针对全球前十大半导体设备厂的 2012 年营收排名，KLA-Tencor 排名全球第五，市占率约 6.5%，排名第一的是美商应材，第二是荷商微影设备公司 ASML，市占率分别为 14% 和 12%。

与此同时，在清洗和干燥、匀胶显影机和 CMP 领域，大日本屏幕制造（DNS）、东京电子和荏原制作所仍在奋勇拼搏。特别是在清洗、干燥及匀胶显影机领域，日本独占鳌头，在世界市场居于垄断地位。

日本强势产业的共同点和弱势产业的共同点

那么，在上述 8 个项目中，日本的强势产业和弱势产业究竟有怎样的不同呢？

其实，在这些日渐衰落的日本产业之中存在着共通因素。纵观在这些领域拔得头筹的强者，譬如曝光设备的 ASML，干法刻蚀设备的泛林研发，晶圆检测设备的科磊，成膜设备的 AMAT，这些企业在战略方面都有一条共通的主线：即标准化、平台化及模块化。换言之，上述欧美设备制造商利用设备的综合系统化能力和架构能力来发挥自己的竞争优势，并最终获得了最大的市场占有率。

此外，在日本的强势产业之中也存在着共通优势。大日本屏幕制造的清洗、干燥设备，东京电子的匀胶显影机，荏原制作所的 CMP 设备，这些设备都有一个共同特征，就是都使用液体材料。比如，清洗、干燥设备需要洗涤用的药水，匀胶显影机需要感光性的抗蚀剂，CMP则需要浆体研磨剂。

这些设备所使用的工艺技术，都是通过硬件和液体材料的精细整合实现的。其中，有很多技艺和技巧都是无法被转化成文献的隐性知识，因此很难实现标准化和模块化。所以在这些领域，其他国家无法追随效仿，从而使日本企业在这一领域能一家独大。

下面，我们以曝光设备和清洗、干燥设备为例，来详细分析日本是怎样在强调标准化及模块化的曝光设备上败阵下来，又为什么能在占据半导体工艺流程30%以上分量的清洗、干燥设备上依然维持压倒性的占有率。

衰弱的日本制造设备的代表：曝光设备

2001年以后，半导体制造设备在亚洲的销售额急速增加。与此同时，长期以曝光设备称霸世界、被称为"设备业界王者"的尼康失守，其全球市场占有率第一的位置被荷兰的ASML取代。

ASML的曝光设备几乎垄断了扩展迅速的亚洲市场，这也成了ASML飞跃发展的原动力。换句话说，ASML和台积电以及三星之间是共同进化的关系。

曝光设备的工作原理是：利用摄影技术，将灯光照射到涂在硅片表面的感光性树脂涂层上，以形成电路图案。随着设备分辨率的不断提高，机器的价格也突飞猛进。目前，最先进的曝光设备 ArF 浸没式光刻机（ArF immersion lithography）单价高达 40 亿日元以上，而新一代极紫外光刻机（EUV）则超过 100 亿日元。

曝光设备可以说是人类创造出的最精密同时也是最昂贵的机器设备。东芝精密加工技术的负责人——东木达彦部长甚至用"简直是兵器"这种比喻来形容曝光设备。在大批量生产半导体的工厂内，会配备几十台这样强大的"兵器"。

对这种"兵器"的使用方法，不仅会影响半导体的性能及质量，还会影响到其制造成本。

ASML 为什么能跃居第一

下面，我们来分析 ASML 是怎样研发出让台积电和三星满意的曝光设备，并成功实现和这两家企业的共同进化的。

我的一个朋友在半导体设备制造企业工作，他告诉我，日本、韩国及中国台湾地区的半导体制造商对于设备制造商的要求是大不相同的。

其中，日本的半导体制造商重视的是设备的精密度和精度，而韩国及中国台湾地区的制造商更注重设备的吞吐量[1]和稼动率[2]。

为了满足韩国及中国台湾地区制造商的要求，ASML研发出了吞吐量及稼动率非常卓越的曝光设备。然而，有一点却让我感到很疑惑。我查阅了各企业在官方网站上公布的产品性能说明，意外地发现，ASML给出的数据是"每小时175～200片"，而尼康的数据是"每小时200片"。这样看来，在性能方面，尼康的吞吐量反而更胜一筹。

然而，ASML的吞吐量遥遥领先在业界是有目共睹的。正因为如此，ASML的曝光设备才能大获全胜，创下全球市场占有率80%的销售成绩。

---

[1] 英文作throughput，吞吐量是指对网络、设备、端口、虚电路或其他设施，单位时间内成功地传送数据的数量（以比特、字节、分组等测量），此处指设备在1小时内能够处理的晶圆片数。——译者注

[2] 英文作activation或utilization，指设备在所能提供的时间内为了创造价值而占用的时间所占的比重，亦指一台机器设备实际的生产数量与可能的生产数量的比值。——译者注

ASML 提高吞吐量的秘诀：减少机器误差

ASML 设备的吞吐量为何如此之高呢？要解开这个谜团，首先要弄清楚一个概念——机器误差。机器误差是指每台设备在性能方面存在的差异。据了解，ASML 生产的曝光设备机器误差非常小，而尼康和佳能的曝光设备可以说"面目各异"。用一位从事半导体制造的光刻技术人员的话来说，日本产的曝光设备每台都有自己的特点，由此可见机器之间误差之大。

那么，机器误差的大小会对半导体生产制造产生怎样的影响呢？首先，如果设备的机器误差过大，就需要将设备专用化，每道工序均使用专用设备。比如说，1 号机器用于器件隔离程序（element isolation），2 号机器用于门电路程序，等等。

这种情况下，即使有的设备闲置不用，也无法将其用于指定工序以外的晶圆处理。因为这个设备经过专门调试，只能用于指定工序。如此一来，设备的稼动率最多只能达到 50% 左右。

相比之下，如果设备的机器误差较小，就不需要为某道工序专门配备某台设备。无论哪道工序，都可以使用任何一台设备进行处理。如此，设备的稼动率大大提高。这就是台积电和三星能维持超过 95% 的高稼动率的原因。

这样一来，可以说机器误差较小的一台 ASML 曝光机所具有的处理能力是尼康和佳能的 2 倍，即尼康和佳能两台机器的处理能力。这也正是 ASML 竞争力的源泉。凭借着这种高效率的竞争优势，ASML 在全球获得了 80% 的市场占有率。

为了研制出小误差的曝光机，ASML 采用了如下生产方法：将整台设备分为工件台、镜头相关组件、照明器件、电力组件等模块，再将各模块外包给其他公司生产。最后由 ASML 进行组装和调试。

其中，对机器误差影响最大的模块就是镜头相关组件。进行调试时，如果机器误差超出规定范围，ASML 就会将镜头和相关组件全部抽出，整个替换。通过这样的努力，ASML 才得以生产出误差值极小的曝光设备。

在这里，我想向读者们透露一个秘密。刚才提到的"最多只能达到 50% 的稼动率"，其实是日本某家半导体工厂的数据。前文中还提到，台积电和三星的工厂都"维持超过 95% 的稼动率"。其实，决定这两组数据的曝光设备都是由 ASML 制造的。

读到这儿，也许有读者会问：刚才提到，ASML 的曝光设备机器误差小，所以不需要让某台机器专用于某个工序，因此不论哪道工序随意使用任何一台机器基本上都没问题。这么说来，日本工厂的稼动率也应该达到 95% 以上才对。可是现实情况却并非如此。这到底是为什么呢？

原因就在于，日本半导体制造商虽然引进了吞吐量大、好评如潮的 ASML 曝光机，但是还是和以前一样，将其分类用于不同的工序。然而，ASML 的设备机器误差很小，根本不需要通过复杂烦琐的分类去专用使用，但是日本企业墨守成规，沿袭着一直以来的使用方法。

日本半导体业的另一特点：
从设备引进到投入生产周期过长

日本半导体制造商的墨守成规还体现在另外一个方面。在此我们先做一个对比。企业从引进 ASML 的曝光设备到将设备投入生产，其间要进行怎样的准备工作，需要花费几天时间呢？针对这一问题，我比较了各国的情况，发现了一个有趣的现象。

在此先向读者说明一下，曝光设备从引进到投入生产，主要经过机械元件组装→设备安装→设备性能测试（企业标准）→设备性能测试（顾客意见）这些程序。

从设备引进到投入生产，间隔最短的是中国大陆的企业，只用9天。在这期间，企业不进行任何性能测试，硬件一旦组装完成马上就开工生产（对于完全省略掉性能测评环节这一点，我认为有点操之过急了）。

其次是韩国和中国台湾地区的企业。在硬件组装完成以后，用1～2天进行企业标准的性能测试，在11～14天后将设备投入生产。

与此形成鲜明对比的是美国和日本的企业，它们在设备引进后要经过很长时间才能正式投入生产。因为美国和日本在完成企业标准的性能检测后，还要接着进行企业自主的性能测试。特别是日本企业，自主性能测试的时间拉得过长。这样一来，相比从引进到开工只花费9天的中国大陆企业，日本企业所花费的时间加起来已逼近40天。

这种现象其实是由尼康和佳能生产的曝光设备引发的一种文化。前文曾提到，尼康和佳能的曝光设备机器差异很大，几乎到了"面目各异"的程度。所以企业有必要对每一台设备进行全面的性能测试，以把握设备所具有的不同特征。

无论 ASML 如何重申"我们的设备不需要进行任何追加的性能测试",长期在这种文化的影响下研发曝光设备的日本制造商也只当耳旁风,一遍遍重复着多余的性能测试。

引进了价格高达 40 亿～ 50 亿日元的昂贵设备后,有人在 9 ～ 14 天后就赶忙投入生产,有人却愿意花将近 40 天的时间,像摆弄玩具一样进行着没有意义的性能试验。如果将两者的时间差换算成金额,将是一笔不可忽视的费用。

这也在一定程度上解释了为何日本半导体的生产成本一直居高不下。

日本制造设备绝对强项的代表:清洗设备

上面提到,在曝光设备、干法刻蚀、晶圆检测设备、成膜设备方面,欧美企业通过标准化、平台化及模块化等手段形成了综合性的系统化能力和架构能力,最终发展成为这些领域的领头羊。

但是,在清洗干燥设备、匀胶显影机及 CMP 等使用液体材料的设备方面,日本企业是得心应手。尤其是日本产的清洗、干燥设备和匀胶显影机,垄断了整个世界市场。

日本为什么能在这一领域创下如此辉煌的战绩?

首先，液体材料的难以控制给日本提供了方便。在对使用液体材料的设备进行加工技术研发时，必须对设备和液体进行极细致的整合。在这方面，只可意会不可言传，无法模仿的隐性知识、经验和长年积累的秘诀发挥着决定性作用。而这种本领是擅长标准化和模块化的欧美企业难以匹敌的。

其次，在垄断设备的同时，日本企业也垄断着大部分液体材料。这意味着药水制造厂就建在清洗设备制造厂的旁边，进行共同研发非常便利。这也就是我们经常说的有地理优势。

有一点需要注意：只有CMP使用的研磨浆，其市场占有率第一位的是美国的卡博特（Cabot）公司。说到CMP设备，荏原制作所和美国AMAT一直各占半边天。荏原制作所之所以没能称霸市场，可以说原因就在于研磨浆的头号生产企业在美国。

再次，每台清洗设备看上去都一模一样，使用的洗涤液也没什么区别，但令人惊讶的是，每个工厂所使用的清洗设备都是特别定制的，连设备使用的洗涤液也是如此。

这一点也是妨碍欧美企业在该领域内推进其最拿手的标准化、平台化和模块化这三件法宝的最主要因素。在第3

章中我也曾论述过这个问题。

使用液体材料的设备需要让设备和液体实现极其细致的整合,所以在这一领域很难推进标准化和模块化。其他国家无法追随效仿,于是在这个舞台日本挥洒自如。

聚焦日本最强技术能力

一直以来,日本的竞争力扎根于制造工艺中,在对集成技术和技术延续性要求较高的领域取得了成功。

经济高速发展时期的纤维产业和钢铁产业如此,20世纪末期及21世纪的汽车产业如此,在半导体产业中,20世纪八九十年代的DRAM业务和现在的NAND闪存业务亦是如此。

除上述行业外还可以再补充一项:日本在使用液体材料方面拥有出类拔萃的强大技术能力。

世界的发展瞬息万变,在这种环境下,日本如果能开辟出新市场,充分发挥上述这些强大技术力,勇于创新,日本的制造业一定可以东山再起。

这个新市场到底身在何方,怎样才能找到这个市场呢?我将在后续章节中继续探讨。

| 第 9 章 |

成为创新的弄潮儿

为何日本能成为世界第一

经过上述章节的分析和考察,我们认识到,日本人具备的技术能力有以下几个特点:

(1)日本人擅长生产目标明确、需要精细集成工艺的技术。比如说,生产具有25年质保的高品质DRAM,生产需要依靠液体材料和硬件的细致整合来研发加工技术和设备等。

(2)在进行技术研发时,日本人通常把性能和质量放在第一位,往往忽视生产成本。这是因为日本人拥有一种独特的感性认识,他们习惯将技术和金钱划清界限,主张:技术神圣,金钱肮脏。

(3)日本不擅长通过市场调查来构建整个生产、营销体系，如 SOC；也不擅长在制造设备的整体架构能力方面形成竞争优势，如日本在半导体制造设备领域的弱项——曝光设备。

（4）在某项产品或者技术取得过巨大成功后，日本很容易陷入这种技术所形成的文化中不能自拔。在这一点上，英特尔和日本极为相似。

综上所述，日本既具备优势，也存在弱点。那么，日本如何才能开辟出新市场，并成为创新的弄潮儿呢？

这个问题，也是最后这一章节的主题。

首先，我想强调的是，日本现在应该再一次回到原点，重新深入思考这些问题：为什么曾经的日本能实现经济高速发展？究竟是怎样的优势和绝技才使日本获得"世界第一"（Japan as Number One）这样的称号呢？

新概念：创新型模仿者

不知道读者们是否知道一位叫奥戴德·石家安㊀的学者

㊀ 石家安（Oded Shenkar），美国福特汽车公司国际商务管理主席，美国俄亥俄州立大学菲舍尔商学院教授。国际战略领域的顶尖学者，著作曾被无数出版物引用，包括《华尔街日报》《纽约时报》和《经济学人》。*Copycat: How Smart Companies Use Imitation to Gain a Strategic Edge* 的中文版《模仿的力量》一书已于 2011 年由机械工业出版社出版。——译者注

写的一本书，书名是《模仿的力量》（该书已于2013年由东洋经济新报社出版）。我看过后就确信，这本书其实是针对三星电子的一个案例研究报告。但书中几乎没有出现三星一词，这倒反而让人觉得作者是在有意掩饰。

石家安将融合创新（innovation）和模仿（imitation）的企业称为创新型模仿者（immovator）。而下面关于创新型模仿者的描述可以说完全符合三星的特征。

>（创新型模仿者）能发展模仿的特点，并具备充分活用这种特点的能力。这种能力具体表现为：在广泛领域内实时进行探索的能力，将几个不同的生产经营模式组合在一起的能力，理解产品或模式、市场间对话的能力，适应千变万化的市场环境，并迅速、高效实行模仿的能力。（第1章第18页）

石家安指出："模仿是稀缺且复杂的战略能力""模仿是进行创新不可或缺的一个重要因素"，并以此为出发点展开论述。一开始我还以为这是作者开的一个极具讽刺意味的玩笑，但是随着深入阅读，我发现石家安的论点非常新颖且具有说服力，在读完这本书以后，我心目中对于模仿的概念和认识发生了 180 度大转弯。

在这里想问读者们一个问题。

如果有人当面指出,"你的公司(或者你)在模仿",你会持怎样的态度,怎么回答呢?

恐怕多数人都会反驳到"我(们)根本没有模仿",并表现出不愉快的情绪。

然而,现在我想代替石家安为模仿正名,告诉大家:

> 模仿才是推动你的公司进一步成长发展的原动力,是改革创新不可缺少的重要力量。

为什么我会变成模仿主义的"忠实信徒",对石家安如此深信不疑呢?

模仿使人类进化,模仿使文明发展

石家安将目光广泛投向哲学、艺术、历史、心理学、经济学、认知科学、神经科学等不同的学科领域,并调查分析了在这些领域模仿是怎样展开的,以及这些领域是怎样看待模仿的。

比如，生理学家贾德·梅森·戴蒙[一]在其著作《枪炮、病菌与钢铁》（*Guns, Germs and Steel: The Fates of Human*，该书日译版已由草思社文库出版）中就提出："没有模仿，人类根本不可能进化"。

而且，这个结论有实例支撑。举其中一例来说，世界上所有的文字系统都是由苏美尔楔形文字或玛雅文字派生、改良而来的，或者说是受两者影响而设计发明出来的。此外，水车和磁针等重要技术的发明在世界上也就那么一到两次，接下来全是模仿、模仿、再模仿。也就是说，社会通过模仿来获得其他社会所拥有的更优异更先进的东西。没有模仿，这个社会根本不会存在。

回顾历史，在古罗马时代，模仿不是禁忌，而被认为是一项需要独创性、创造力的缜密活动。古罗马的模仿者教育可以证明这一点。他主张模仿不仅仅是对同一事物单纯地"反复（再生产）"，还包括一些技术手法：包含差异的"反复（变形）"，这种"差异"主要反映了模仿者对模仿对象的脱离；"差异和反复（灵感）"，这种方法穿插了模仿者创造性的洞察力。

[一] 贾德·梅森·戴蒙（Jared Mason Diamond），美国演化生物学家、生理学家、生物地理学家以及非小说类作家。他最著名的作品《枪炮、病菌与钢铁》发表于 1997 年，曾获得普利策奖。

支撑工业革命的也只是少数几个类似的生产工艺。这些生产工艺被不同的产业模仿，由此传播开来。

回顾自己的成长经历，也可以发现模仿遍布于人生的各个阶段。其实在学校的学习基本上都是在模仿。通过模仿学会字词的读写，通过模仿学会计算加减乘除。连思考方法都是通过模仿掌握的。可以说中考和高考，测试的也许是学生的模仿能力。

我现在写的这本书，所用的字词都是通过模仿学会的。甚至也许在不知不觉中，我就模仿了某位喜爱作家的措辞风格。

模仿者坐享其成

就像古罗马人在模仿者教育中提到的那样，模仿的对象涉及诸多领域，模仿的方法也划分出许多等级和层面。模仿的对象不仅仅局限于产品，甚至有可能是生产工序、习惯和商业模式。模仿方式也不尽相同：有的照葫芦画瓢、从头到尾全部模仿，有的将模仿对象稍加变形使其适合自己。总之，从完全模仿到本能追随、依附，再到获得灵感的模仿，可以说范围极广。

拿企业的案例来分析，IBM曾在大型计算机业务上落后于雷明顿兰德㊀，但是 IBM 奋起直追，通过模仿，4 年内就夺得市场。此外，IBM 效仿 Apple Ⅱ研发了 IBM PC，被经营学家彼得·德鲁克（Peter Ferdinand Druck）称为"拥有世界第一业绩的创造性模仿者"。

美国雅达利（ATARI）于 1975 年推出家用游戏机乒乓（Pong）后，有 75 家公司竞相模仿，日本任天堂也是其中一家。然而随后，任天堂生产的游戏机逐渐发展成为行业的国际标准。

在网页浏览器方面，网景（Netscape）效仿斯普莱（Spry）设计出的浏览器进一步被微软模仿，最后演变成 IE 浏览器。微软凭借模仿而来的 IE 成功垄断了市场。

甚至在石家安口中，苹果也是模仿者。比如，苹果麦金塔电脑㊁的技术基本上都不是苹果自主研发的。据说 Mac 的可视化界面其实是史蒂夫·乔布斯在访问施乐㊂的帕洛阿

㊀ 雷明顿兰德公司（Remington Rand，1927～1986 年），美国早期的一家电脑制造商，UNIVAC I 电脑的原造厂，而今它已成为优利系统（Unisys）公司的一部分，有一阵子"univac"一词几乎是"computer"的代名词。此外，它还生产办公用设备。

㊁ 麦金塔（Macintosh），简称 Mac，它由 Macintosh 计划发起人 Jeff Raskin 根据他最爱的苹果品种 McIntosh 命名，麦金塔是首次将图形用户界面广泛应用到个人电脑之上。

㊂ 施乐（Xerox），1906 年成立于美国康涅狄格州费尔菲尔德县。复印技术的发明公司。

图研究中心（PARC）时才萌发灵感、有了设计构思的。此外，iPhone 同样模仿了现有的技术，并在此基础上，创造性地将这个技术和新思维相结合。所以有人才会戏言，苹果是东拼西凑的高手。

如果模仿能够成功，就能省下相应的产品研发费用。此外，还能降低产品被市场淘汰和企业破产的风险。

美国曾进行过一项调查，结果让人哗然。该调查研究了从 1948 年到 2001 年间诞生的发明创造，发现这些创造的发明人只能获得自己研究成果现有价值的 2.2%。

也就是说，价值的 97.8% 基本都进了模仿者的腰包。

半导体产业是典型的模仿产业

大多数人都认为发明出没有的东西才叫创造（老实说我曾经也是这么认为的），其实不然。创造并不仅仅指从无到有的过程。

举个例子来说，科学界对创造是这样定义的："将两个或两个以上的事实或理论整合在一起的行为。"（赤祖父俊一著《知の創造の技術》日経プレミアシリーズ。）

在企业活动中，新产品的创造同样是如此。新产品是指将两个或两个以上已经问世的产品或者技术组合在一起而产生的新一代产品。也就是说，新产品是经过整合而形成的。

经济学家熊彼特将创新定义为"发明和市场的新结合"。本书中屡次提到的创新，就是指这种新结合。

前文中提到的乔布斯对创造的诠释则更加简洁："创造就是联结事物"（creativity is about connecting things）。美联社记者芭芭拉曾这样评价乔布斯："乔布斯将艺术和技术、设计和工程、外观和性能巧妙地结合在一起。"因此可以看出，创造这一过程其实包含了大量的模仿元素。

这样看来，其实半导体大规模集成电路产业也是一个典型的模仿产业。为什么这么说呢？前面章节提到过，半导体集成电路（integrated circuit, IC）于1959年问世。当时，德州仪器的工程师杰克·基尔比和那时还隶属仙童半导体的罗伯特·诺伊斯几乎在同一时期发明了由晶体管集成而来的半导体IC。

1968年，诺伊斯和戈登·摩尔一起离开仙童半导体公司，并创立了英特尔。后来安德鲁·葛洛夫加入，形成了著名的英特尔"三人帮"体制。

半导体是一种由多个晶体管构成的器件，问世之后引发许多制造商效仿。正是由于模仿，半导体产业才能在四十多载的岁月中不断获得发展更新。其间，晶体管的尺寸由 10 微米（μm）一直缩小到原来的 1/1000，达到纳米（nm）级别。可以说，半导体产业融合了精细化这个变体，一直模仿发展至今。

1968 年，英特尔创立后仅仅 3 年，就研发推出了 SRAM（静态随机存储器）、DRAM、EPROM 和微处理器（microprocessor）。这些半导体奠定了几乎所有现有半导体的基础。

在这之后，半导体产业基本就是靠模仿这些设备来站稳脚跟的。因此，说半导体产业是典型的模仿产业毫不为过。

DRAM 产业的发展就是一种彻底的模仿

创新未必能给企业带来盈利。我这么说是有依据的，第 7 章的图 7-4 所反映的 DRAM 产业历史就是一个最具代表性的例子。前文也有所介绍，DRAM 是 1971 年由英特尔发明的。

以 DRAM 制造商的身份启程挺进市场的英特尔在第

1 任 CEO 诺伊斯当权时，就凭借 4KB DRAM 抢占了超过 80% 的市场占有率，可以说是旗开得胜。然而好景不长，由于美国国内的其他公司纷纷效仿、蜂拥而至，英特尔的市场占有率急转直下。

于是英特尔致力于研制 16KB DRAM（三电源供电）和 64KB DRAM（三电源供电），然而身后有跟风模仿的竞争对手穷追不舍，想要垄断市场变得越来越困难。在这种情况下，英特尔于 1979 年推出了单电源供电的 16KB DRAM。面对英特尔的这个撒手锏，其他公司根本无从下手，所以该款 DRAM 在发售时夺得 100% 的市场占有率。

然而，这个技术最终被竞争对手，特别是十多家前来叫板的日本企业模仿、攻破，这导致 1984 年英特尔的市场占有率跌到 10% 左右。256KB DRAM 的市场占有率更是不到 1%，无奈之下英特尔决定停止研发 1MB DRAM，并在 1985 年从 DRAM 产业中狼狈退出。

英特尔的退出，使日本产的 DRAM 在 20 世纪 80 年代中期成功占领世界市场 80% 的份额（见图 9-1）。

随后在 20 世纪 90 年代初期，三星电子成了市场的领头羊。通过实行战略性模仿策略，后起之秀三星不仅在 DRAM 产业登峰造极，在 NAND 闪存、液晶电视和智能机领域也是势如破竹，成功问鼎世界第一的宝座。

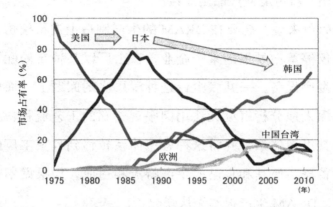

图 9-1　不同国家及地区 DRAM 市场占有率的变化
资料来源：笔者根据高德纳咨询公司（Gartner）、尔必达、惠普的数据绘制。

"模仿就能成功"不是绝对真理

三星的成功来源于模仿。然而，这并不代表只要去模仿，任何人都能成功。

第 2 章曾经提到，社会上有学者和记者认为，制造半导体其实非常简单。"只要买来最先进的生产设备排成一排，按下按钮，就能制造出半导体。这样简单的工作谁都会。"然而事实并非如此。半导体制造的每个工序都和前后工序紧密相连，有时候，相隔数百道工序的前后两个工序之间都联系紧密,保持协同运转。因此,只要一个工序中出现小错误,就可能使产品全军覆没。

简单来说,想要在DRAM的生产制造上进行模仿,不能仅仅停留在哪里的某个企业,在工厂以某种布局配置了何种生产设备,一共多少台这种浅层次的问题上。而应该更加深入地分析解读无法用肉眼观察到的工艺流程,充分理解其思想体系,并将这种思想体系转移到自家工厂的生产设备群,使其和自己的生产特点相适应。如果做不到这一点,DRAM生产根本无从谈起。

日本效仿美国,韩国又效仿日本。有学者和记者指出,半导体制造的技巧、秘诀都藏在生产设备中,日本的技术正是通过生产设备才泄露给韩国的。从某种角度上看这确实是事实,然而这些充其量也只是细枝末节,并不是模仿取得成功的主要因素。

核心问题在于,三星到底是怎样模仿到工序流程的思想精髓的。很多人认为,三星早期就致力于搜罗集成技术人员,很有可能是通过这种方法解决了这个问题。此外,在第4章的专栏4-2中也提到过,日本顾问团也给三星的模仿事业帮了大忙,并且三星的非法收集信息一事也与此有关。

然而，通过长年的模仿，现在的三星可以说是学有所成，已经具备自主进行集成的能力和技术。这一点我们无法否认。

模仿的能力和步骤

石家安指出，通过模仿获得成功的企业都有一个共同点：这些企业都有法宝让自己凌驾于原版之上。怎样才能实现这一点呢？我梳理了石家安认为重要的模仿五部曲。

① 做好充分的思想准备

首先，要改变"模仿可耻"的思想，认真积极地正视模仿。现在，产品的生产周期正在加速缩短。所以我们要以"前车可鉴"的姿态来迎接这种趋势。在此要清楚地认识到，心存"日本曾经是世界第一"的傲慢之态是有百害而无一利的，必须抱着谦虚好学的态度。

② 找好模仿的参照对象

放眼大千世界，寻找令人惊艳的模仿样板，这一点很重要。比如说，丰田"准时制生产方式"[⊖]的创始人大野耐一就是从美国超市的运行方式中获得灵感的。此外，雅玛多

⊖ 丰田在20世纪60年代实行的一种生产方式，核心思想为"在需要的时候，按需要的量生产所需的产品"。——译者注

黑猫宅急便也是参考了快餐连锁店吉野家"缩减菜单"的措施才萌发"缩减货物服务项目"的念头。

③ 信息的检索、评定和选择

日本家具连锁"似鸟"⊖（Nitori）社长似鸟昭雄在谈及模仿时表示，一开始"就要广泛撒网，只要是自己觉得好的东西都要彻底模仿"。如果按照自己过去的经验乱闯乱撞只会失败。所以首先需要做的就是完全模仿（Dead Copy）。

④ 厘清脉络，深入研究

为了避免照葫芦画瓢的单纯模仿，企业需要充分理解模仿对象的设计思想，弄清楚设计脉络。正如似鸟社长所说："有了山才有森林，有了森林才有树木，有了树木才有了枝叶。不理解这种顺序性就无法成功。"也就是说在模仿时，要分析各种零部件之间有怎样的肉眼看不到的相互作用，又以怎样的构造分布于系统整体之中。解读这种整体的架构非常有必要。

⑤ 为己所用，立足实践

以前面获得的信息为基础，进行创造性模仿，并将其发展为属于自己的技术、产品及商业模式。

⊖ 日本最大的家居连锁店。截至 2013 年 2 月 20 日，"NITORI 家具 & 家居"总共拥有 300 家连锁店（日本国内 286 家，海外 14 家）。

日本半导体及电器产业应重拾模仿优势

日本自古以来就是擅长"创造性模仿"的高手。

就像石家安为《模仿的力量》日文版所作的前言中提到的那样，日本从很早以前就通过派出遣隋使、遣唐使等方式广泛效仿周边国家的思想、文化与政治体制，并且日本并不局限于单纯模仿，还加以改造，努力使模仿来的知识与本国国情相适应。

明治维新时期，日本广泛探究了欧美列强在各领域的思想创意和先进模式，积极加以模仿、引进，最大程度地实现了外来思想、技术与本国实际情况的完美嫁接。

第二次世界大战结束后，日本以美国为范本，在汽车、家电和半导体产业推行创造性的模仿策略，最终被誉为"世界第一"。此时，日本以体形小巧、价格低廉、质量优越的产品抢占了市场，最后甚至超越了曾经的范本——美国。

然而，日本在到达世界之巅以后就开始减速，到2012年日本的电器产业和半导体产业终于全线崩溃。导致崩溃的原因正如石家安所指出的：日本人认为"跟随和模仿的时代已告终，从今往后是日本人独立创造的时代"，这等于否定了自己一直以来竞争力的源泉——模仿能力。

《模仿的力量》作者石家安及负责该书译审工作的早稻田大学商学院教授井上达彦在书的最后附加了一个板块，名为"特别撰稿 日本企业的创新型模仿"。文章开头引用了日本经营学家加护野忠男的一段话，我觉得这段话意味深长又正中要害。

> 静下心来想一想，企业进行模仿的阶段正是竞争力处于强势的阶段。相反，总是指责其他公司抄袭模仿自己的企业多半是走下坡路的企业。

日本面对三星的模仿策略总是全力口诛笔伐（苹果也是如此），但是，先抛开苹果不谈，日本现在正处于每况愈下的窘境，这是世人皆知的。日本对三星的谴责不过是手下败将毫无底气的叫嚣和逞强，而三星通过模仿日本使自己的DRAM业务起步，随后将模仿的范围扩大到了液晶电视、NAND闪存领域。智能手机则模仿了苹果。

谴责三星的人只把三星的模仿视为简单的猴子学把戏。其实，这种谴责在无形中也指向了批判者本身。就拿总以三星模仿说事的日本来说，曾经的日本在某种程度上也是当仁不让的"模仿大国"。

面对现在完全没落的半导体和电器产业，日本仰天长叹也无济于事。回到前文曾提到的石家安的论述，我想再次强调：模仿是一种稀缺且复杂的战略能力，是进行创新不可或缺的一个重要因素。因此，日本半导体及电器产业应该重新唤醒曾经毅然舍去的模仿能力（本来日本应该对此非常擅长），这才是获得重生的捷径。

接下来，日本应该在最大程度上活用重新拾回的模仿能力，并勇于创新，致力于开辟新的市场。

要实现这样的理想，日本究竟应该采取怎样的措施呢？

新市场究竟身在何处

一直以来，我在著书和演讲中都主张，创新不是技术革新，而是迅速得到广泛普及的技术或产品。此外，我还认为，企业不能像一直以来的日本那样，"销售生产出来的东西"，而应该向三星学习，从现在开始面向70多亿人的世界市场，努力"生产能销售得出去的东西"。

此话一出，就引来了很多朋友的反问和质疑：新市场到底在哪里？找不到新市场一切都是纸上谈兵。

同时，现在日本热衷于研制可变电阻式存储器（ReRAM）、相变随机存取存储器（PRAM）、旋转力矩转移随机存取存储器（SpinRAM）、磁阻式随机存取存储器（MRAM）等新型存储器，但是我认为，当务之急并不是找到一款产品来代替传统的 DRAM 和 NAND 闪存，而是开辟出能发挥这些新型存储器最突出特性的新市场。然而这种主张同样遭到了业界人士的追问：新市场在哪儿？

我面对这种质疑，说实话是有些愤慨的，本来开辟新市场就是身为企业员工的你们应该做的事情。但是，我也能够理解对企业来说，开辟新市场有多么困难，有多么艰辛。

仔细想想，现在如日中天的三星都亲口承认自己是"快速追随者"，并对自己的模仿事业深表忧虑：如果没有领跑者替自己开辟新市场，纵使再擅长模仿也无计可施。

结果，放眼全世界，每个企业都知道开辟新市场的重要性和必要性，但它们都不知道具体的创造方法，一提到"怎样开辟新市场"均会陷入苦思冥想。那么想要开辟新市场，到底应该怎么做呢？

开辟新市场不需要任何技术研发

和企业的经营者们一样，我也在日思夜想着到底怎样才能创造新市场。就在这时,我邂逅了一本好书,这位"益友"给了我极大的启发。这本书就是东海大学政治经济学院专任讲师三宅秀道先生著写的《新市场的开拓方法》(东洋经济新报社,2012年出版)。

三宅指出,每种技术和商品都应为某一群体的幸福而生。所以在开辟新市场之前,要在脑海中描绘出这种幸福,即自己的产品将给什么样的群体带来怎样的幸福。三宅将之称为"问题的发明"。如果这个问题能解决,就能给世人带来幸福,并孕育出新的文化。

在此,三宅用了"问题的发明"这样的措辞而不是"问题的发现",正是其特色所在。"发现"是指找到原本就存在的事物,比如说"发现新大陆"。而"发明"则不同,比如说"专利发明",是指创造出世上原本不存在的价值。

对已经发现的问题进行技术研发,在这一方面日本尤其得心应手。使产品更薄、更轻、更小巧,提高成品率和产品质量,等等,都是这一点的具体表现。

然而,这种技术研发有一个重要前提,就是问题已经发明完成。因此三宅认为,开辟新市场不需要任何的技术研发(至少在初期是这样)。甚至三宅还提出,日本也不需要"日本拥有极高的技术水平"这种无谓的称赞,这种技术神话对问题的发明贻害无穷。所以日本应该暂时忘记自己在技术研发方面的成就。

我对这个观点感到惊诧万分。一直以来,我都心无旁骛地追求新技术,并运用新技术进行新产品的研制。而这个观点无疑是对自己人生的全盘否定,给了笔者当头一棒。

"产品好,就能卖得好。"

正是由于深信新技术能带来好产品这个伪真理,日本的制造业才跌落谷底,造成了今天的悲剧。要开辟新市场,一定不能对技术念念不忘。

三宅的书中介绍了很多成功开辟新市场的具体案例,在此我想引用其中一个介绍给读者们。

"发明大王"爱迪生手中的"漏网之鱼"

三宅在书的开头就向读者们提出了这样一个问题:"为什么托马斯·爱迪生没有发明出温水冲洗式马桶?"这个趣味横生的问题让我措手不及。恐怕大多数读者都不能立刻给出答案。

其实爱迪生是我们都熟悉的一位发明家,1847年出生,于1931年去世。在其生涯当中,曾成功进行约1300项发明，其中约 1200 项获得了美国专利（USP）。

在日本半导体能源研究所的山崎舜平于 2004 年以 3245 项（截至 2004 年 5 月 31 日）打破吉尼斯纪录前，爱迪生的这个纪录一直稳居世界第一。顺带提一下，山崎创下的这个吉尼斯纪录在 2011 年时已经更新到了 6314 项（截至 2011 年 3 月 10 日）。

下面我们进入正题。温水冲洗式马桶由热水器和水泵组成，动力为电力。虽然不知道在爱迪生生活的年代电力网这个基础设施有没有大规模覆盖，但是从爱迪生发明电灯泡这一点我们至少可以推断，爱迪生是可以熟练运用电力的。

因此，在爱迪生生活工作的年代，是有充分理由去发明温水冲洗式马桶的。即便如此，爱迪生还是没能发明温水冲洗式马桶，这是为什么呢？

1980 年 6 月，日本企业东陶（TOTO）发明了第一代温水冲洗式马桶。到温水冲洗式马桶销售数量累计超过 1000 万台的 1998 年 7 月，其间相隔 18 年。

此时，包括其他公司的产品在内，温水冲洗式马桶在日本的家庭普及率达到 34%。之后，普及率呈直线上升趋势，于 2005 年销量突破 2000 万台，并很快于 2011 年再次实现突破，到达3000万台。2012年，温水冲洗式马桶的家庭普及率已经达到73.5%，这个数据和个人电脑的家庭普及率基本持平。图9-2显示了温水冲洗式马桶和个人电脑的普及率变化情况。

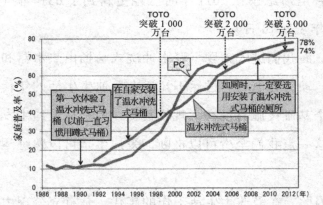

图9-2　温水冲洗式马桶和个人电脑在日本的家庭普及率
资料来源：笔者根据三宅秀道《新市场的开拓方法》（东洋经济新报社出版）的图2-1绘制。

我的个人经历也能很好地说明这种趋势。现在，我已经完全不愿踏入没有安装温水冲洗式马桶的厕所了。这种习惯从何时开始形成的呢？

这要从我还在日立中央研究所的时候开始说起。1990年，我去位于埼玉县鸠山町的基础研究所新楼出差，在那里第一次体验了温水冲洗式马桶。虽然去之前对这件事略有耳闻，但是实际用了之后还是觉得很新奇（同时也很无语：浪费钱安装这么个马桶，基础研究所还真是奢侈）。但是，谁知道我渐渐地就离不开这种马桶了。1995年，温水冲洗式马桶终于走进了我家中。

其实一开始我对安装马桶的西洋式卫生间⊖抱有强烈的反感情绪。一想到身下的马桶曾经被素不相识的人用过，我就觉得非常抵触。所以如果同时有西洋式和日式的厕所（指蹲厕），我会毫不犹豫地选择日式的。但是现在，我如果在外需要方便，日式厕所已经完全被踢出选择范围，我会拼命寻找安装温水冲洗式马桶的厕所。

上面的叙述只是我个人的经历，无法代表整个日本（然而笔者相信赞同的人肯定很多）。但是至少通过普及率我们可以了解，日本的厕所文化发生了巨大的变化。

你想怎样改变世界

回到刚才爱迪生的话题，爱迪生之所以没有发明温水冲洗式马桶，是因为爱迪生并没有把我思想中便后不能冲洗下身的不幸视为一种不幸。也就是说，爱迪生没有发明

⊖ 日本厕所的"日式"即我常说的"蹲厕"，而"西式"则指的是坐便器。

"便后如果冲洗一下会不会很舒服呢"这个问题的意识。

三宅提出,开拓新市场时有四个限制条件,并称其为"幸福的制约条件"(见图9-3)。

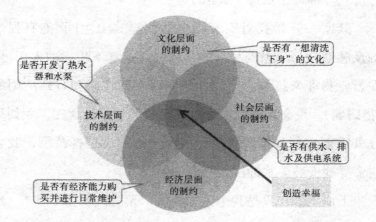

图9-3 开拓新市场需要分析(或具备)四个条件(幸福的制约条件)
资料来源:笔者根据三宅秀道《新市场的开拓方法》(东洋经济新报社出版)的图2-1绘制。

就拿温水冲洗式马桶为例,是否具备热水器和水泵等组件,这是技术层面的制约;冲洗厕所所需要的供水、排水及供电系统等基础设施是否完善,这是社会层面的制约;此外,用户是否有经济能力购买并进行日常维护,这是经济层面的制约。

但是,三宅最后总结道,凌驾于这三个制约条件之上的最重要因素就是文化层面的制约。因为如果没有"便后想冲洗下身"的这种诉求，即使上述三个条件都能满足，也没有人会萌发"使用温水冲洗式马桶"的念头。

2007年，我用48天时间环游世界一周，在旅途中我发现，温水冲洗式马桶在日本以外的国家都没能广泛普及。中国和印度等新兴经济体也许因为经济和社会层面的制约而没能普及，但是先进的欧美各国理应没有这样的制约，然而欧美各国对温水冲洗式马桶还是没有兴趣。对此，只能将原因归结于欧美没有"便后想冲洗下身"的厕所文化。

反过来说，只要上述厕所文化能够普及，温水冲洗式马桶的普及也并不是难事。由此，我们能不能也类推一下日本电器和半导体产业开拓新市场应该采取的措施呢？

我获得的启发是：要想在某个国家发展事业，就要亲自去这个国家考察，站在这个国家人民的角度，探究分析什么样的事物才能使这个国家的人获得幸福，怎样使人们接受这个事物，然后再思考怎样活用模仿来解决这些问题。

我认为，开辟新市场的方法归根结底源于你想怎样改变世界的信念。也就是说，这取决于经营者们怎样理解这个世界、决心要改变什么、自己能做些什么、又能分担怎样的责任。

如果正在阅读这本书的你从事和电器或者半导体有关的工作，请你仔细思考：自己公司生产的电子机械、自己公司制造的半导体设备、自己公司销售的制造设备、自己公司研制的电子材料，通过你拥有的这些技术，你想改变这个世界的哪一面，又是如何去改变这个拥有70亿人口的世界的？唯有这种觉悟才是开辟新市场、掀起创新狂潮的真正原动力。

经营者和技术者都要亲力亲为、奔向海外

前面曾提到，创新是指"将两个或两个以上的事实或理论整合在一起的行为"，而新产品是指"将两个或两个以上已经问世的产品或者技术组合在一起而产生的新一代产品"。

此外，模仿是一种稀缺且复杂的战略能力，是进行创新不可或缺的要素。从历史角度看，日本是一个非常善于"创造性模仿"的国家。

而且，我进一步指出，要进行创新就要开辟新市场，而开辟新市场的第一步就是"问题的发明"。

日本想要充分发挥自己所具备的创造性模仿能力，推动创新，推进问题的发明，究竟应该怎么做呢？

瑞士著名的商学院——洛桑国际管理发展学院（International Institute for Management Development，IMD）的校长多米尼克·涂尔攀（Dominique Turpin）针对日本存在的问题，提出了以下三点主张：

① 日本企业在经济发展迅速的新兴经济体市场中的事业拓展全面落后。

② 对于日本来说，生机勃勃的新兴国家的企业在不断发展变化。

③ 然而，如果只专注于日本市场，将会忽视这个重要因素。

涂尔攀指出，第三点是最大的问题（我也这么认为）。企业经营者在知识层面对①和②应该很清楚，但是对③却往往当局者迷。

原因正如涂尔攀强调的那样，"日本企业以本国国民为中心进行产品研究和开发，参与决策的干部也基本都是日本人（多为中老年男性）。在这种体制下，很难从国际视野出发进行经营决策"。

此外，明星大学教授关满博对进军中国市场的1000家日本企业进行调查后发现，只有5家企业的经营者亲自逗留在中国进行市场调研。关教授指出,当时进军中国大陆的中国台湾地区企业和日本企业规模相当,然而中国台湾企业在几年内就实现了蒸蒸日上的发展,日本企业却举步维艰。其根本原因就在于此。

以中国为首的亚洲新兴国家和地区,正在奋力赶超发达国家。在这些国家和地区,情况每时每刻都处于变化之中,因此必须具备瞬间做出判断的能力。然而,对于仅仅是一介职工的工厂厂长来说,其权力有一定的范围,所以很难在短时间内采取对策,更不用说去关注在这些国家中出现的新商机了。

如果企业经营者能够自己亲临现场,就有可能实现随机应变的经营策略,同时也可以敏感地捕捉到新商机,为己所用。

不仅仅是经营管理人士,负责研发新产品的技术人员也应如此。技术人员如果身处海外,就能切身体会到当地的诉求,知晓当地人需要怎样的产品,希望产品具备何种功能,能承受得起怎样的价格等问题的答案。这样一来,"问题的发明"就变得轻而易举。

问题的发明完成以后,接下来就是为解决此问题而进行的技术研发。在这一阶段,并不是要从零开始创造新产品，而是将在日本国内销售的产品结合当地的需求和特点进行改造，如果公司目前还没有生产这样的产品，就可以进行创造性模仿，借鉴其他公司的产品。

日本半导体及电器产业在很长一段时间内都故步自封、止步不前，原因就在于经营管理者和技术人员守在日本国内闭门不出。要复兴半导体和电器产业，经营管理者和技术人员之中的高层人士应该奔向海外市场（特别是新兴国家），努力地发明问题，充分发挥创造性模仿能力。做到这一步，创新事业自然会水到渠成。

越过创新的严冬，产业复兴的春天还会远吗？

后　记

　　在东京理科大学研究生院教授伊丹敬之写的《日本企业靠什么生存下去》［日経プレミアシリーズ（日经指数至尊系列），2013年出版］一书中，有一段内容让我受益匪浅。我认为，这段内容对于帮助读者思考今后日本制造业的出路问题大有裨益，因此在这里介绍给各位，以此作为本书的结尾。

　　每个产业都有其最基础的技术，而在这个技术背后都有科学在支撑。伊丹教授将其命名为"产业科学"，并阐述了日本产业科学的重心正在由物理学转移至化学这一趋势。

　　实际情况亦是如此。如果比较机械、汽车、电器、金属和化学这五大产业中其附加价值所占的份额，可以发现在 2001 年，化学产业挤下了一直以来位居榜首的电器产业夺得第一名（虽然在 2006～2007 年电器暂时反超了化学）。图 P-1 是伊丹教授书中登载的"五大产业附加价值所占份额的变化"线形图。我在此引用该图并和读者深入分析。

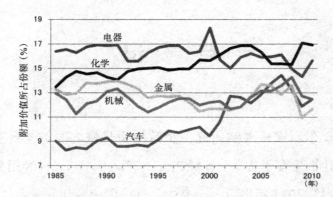

图 P-1　日本五大产业附加价值所占份额的变化

资料来源：伊丹敬之，《日本企业靠什么生存下去》，日经プレミアシリーズ（日经指数至尊系列），2013年出版。

伊丹教授认为，化学产业超越电器产业成为第一，其原因要归结于物理学和化学之间存在本质不同。该论述的要点如下。

物理学是"一神教"的学科，而化学是"多神教"的学科。物理学只要理解基本原理，剩下的问题都能靠理论和逻辑解决。只要买来能实践基本原理的设备装置并熟练运用，就能开展事业。正是由于物理学的这个特点，使新兴国家和地区在半导体和电器产业方面后来居上，并迅速排挤了日本。

而化学正好与此相反，是"多神教"的学科。化学需要积累各方面的技术知识，想要掌握某个技术要花费很长时间。所以中国台湾地区和韩国在这一领域很难赶上日本，只能望尘莫及。在第8章我们通过分析半导体制造设备的不同业务，最后得出结论：日本在使用液体材料的设备方面拥有出类拔萃的优势力量。在这里我们可以进一步对此进行解释，正是由于液体材料属于"多神教"的化学领域，所以其他国家和地区在这方面束手无策，无法追随模仿。

综上所述，日本确实拥有具备强大竞争力的技术力量。然而，本书想说明的是：无论拥有多么强大的技术，只要产业模式转变，就会陷入创新窘境，到时候所有的技术都发挥不了任何作用。

因此，我认为最重要的是以这些技术为基础，深入思考怎样在世界70亿人的庞大市场中开辟新市场，推进创新并使其广泛普及。我再次强调，要实现创新，最重要的是充分发挥创造性模仿能力，亲赴海外市场研究。日本具备相当的潜力，很多案例都能证明这一点。比如，按照大型机制造商的要求成功研制出拥有25年质保的"不会出故障"的DRAM，等等（不可否认，日本也有缺点，容易偏向于局部最优）。

本书的出版，得到了编辑、出版策划人山田顺先生和文艺春秋石原修治先生的大力帮助。特别是山田先生曾负责我前两本书《日本"半导体"的战败》(光文社,2009年出版)及《"电器、半导体"产业大崩溃的教训》(日本文艺社,2012年出版)的编辑工作。两位给了我执笔这本书的机会,并且帮助我修改了书中较为生僻晦涩的专业性内容,使表述更加通俗易通。在此对两位先生致以衷心的谢意。

2013 年 9 月
于埼玉县新座市家中
汤之上隆

主要参考文献

クレイトン・クリステンセン『イノベーションのジレンマ』(翔泳社、2001年)

半藤一利 他『零戦と戦艦大和』(文春新書、2008年)

鈴木良始、湯之上隆「半導体製造プロセス開発と工程アーキテクチャ論——装置を購入すれば半導体は製造できるか」同志社商学 2008年 第60巻 第3・4号 54〜154ページ

経済産業省「2013年度版ものづくり白書」

菊地正典『半導体のすべて』(日本実業出版社、1998年)

財団法人 機械振興協会 経済研究所「世界的半導体ファンドリーにおける人材戦略」機械工業経済報告書 H17-1-1A、平成18年3月

㈱半導体先端テクノロジーズ『Selete 15周年記念誌』2011年2月

徳田昭雄『自動車のエレクトロニクスと標準化』(晃洋書房、2008年)

栗下直也『図解 ひと目でわかる! ルネサスエレクトロニクス』(B&Tブックス 日刊工業新聞社、2012年)

ジョエル・パーカー『パラダイムの魔力』(日経BP出版センター、1995年)

ロバート・A・バーゲルマン『インテルの戦略』(ダイヤモンド社、2006年)

ティム・ジャクソン『インサイド インテル 上/下』(翔泳社、1997年)

水波誠『昆虫——驚異の微小脳』(中公新書、2006年)

ドミニク・テュルパン『なぜ、日本企業は「グローバル化」でつまずくのか』(日本経済新聞出版社、2012年)

湯之上隆『日本「半導体」敗戦』(光文社、2009年)

湯之上隆『電機・半導体 大崩壊の教訓』(日本文芸社、2012年)

马特·里德利系列丛书

创新的起源：一部科学技术进步史
ISBN：978-7-111-68436-7

揭开科技创新的重重面纱，开拓自主创新时代的科技史读本

基因组：生命之书 23 章
ISBN：978-7-111-67420-7

基因组解锁生命科学的全新世界，一篇关于人类与生命的故事，华大 CEO 尹烨翻译，钟南山院士等 8 名院士推荐

先天后天：基因、经验及什么使我们成为人（珍藏版）
ISBN：978-7-111-68370-9

人类天赋因何而生，后天教育能改变人生与人性，解读基因、环境与人类行为的故事

美德的起源：人类本能与协作的进化（珍藏版）
ISBN：978-7-111-67996-0

自私的基因如何演化出利他的社会性，一部从动物性到社会性的复杂演化史，道金斯认可的《自私的基因》续作

理性乐观派：一部人类经济进步史（珍藏版）
ISBN：978-7-111--50532-7

全球思想家正在阅读，为什么一切都会变好？

自下而上
ISBN：978-7-111-55992-4

自然界没有顶层设计，一切源于野蛮生长，道德、政府、科技、经济也在遵循同样的演讲逻辑

投资名家 · 极致经典

巴菲特唯一授权亲笔著作
杨天南精译

最早买入亚马逊,持股超过20年
连续15年跑赢标准普尔指数

每一份投资书目必有这本大作
美国MBA投资学课程指定参考书

金融世界独一无二的好书
风险与其说是一种命运
不如说是一种选择

美国富豪投资群Tiger21创始人
有关投资与创业的忠告

通往投资成功的心理学与秘密
打败90%的资产管理专家

富达基金掌舵人长期战胜市场之道
彼得·林奇、赛斯·卡拉曼推荐

巴菲特力荐的经典著作
化繁为简学习《证券分析》精华

金融周期领域实战专家
30年经验之作

推荐阅读

比尔·米勒投资之道
书号：978-7-111-68207-3
定价：80.00

巴菲特致股东的信（原书第4版）
书号：978-7-111-59210-5
定价：99.00

漫步华尔街（原书第11版）
书号：978-7-111-58427-8
定价：69.00

格雷厄姆经典投资策略
书号：978-7-111-60164-7
定价：59.00

大钱细思
书号：978-7-111-65140-6
定价：89.00

巴菲特之道（原书第3版）（典藏版）
书号：978-7-111-66880-0
定价：79.00

驾驭周期
书号：978-7-111-62573-5
定价：80.00

市场真相
书号：978-7-111-58971-6
定价：69.00

行为投资原则
书号：978-7-111-66178-8
定价：69.00

与天为敌（典藏版）
书号：978-7-111-65413-1
定价：89.00